PARIS. — IMPRIMERIE ÉMILE MARTINET, RUE MIGNON, 2.

LA TUNISIE

PAR

H. DUVEYRIER

5490

PARIS

LIBRAIRIE HACHETTE ET Cᴵᴱ

79, BOULEVARD SAINT-GERMAIN, 79

Juin 1881

LA TUNISIE

I

LE PAYS. — SUPERFICIE. — POPULATION. — POSITION
GÉOGRAPHIQUE. — CLIMAT ET FACULTÉ PRODUCTIVE.

Au moment où vient de s'ouvrir pour la France
une question tunisienne, qui durera certainement plus longtemps que les opérations militaires
actuellement presque terminées, nous pensons
répondre aux préoccupations d'un grand nombre
d'esprits en présentant un aperçu général de la
Tunisie. Il est, en effet, indispensable d'être préparé quand on veut apprécier sainement les faits
de l'ordre politique ; or, pour ceux-ci comme
pour quelques autres, la géographie, largement
comprise, doit servir de base.

Bornée à l'ouest par l'Algérie, au nord et à l'est par la Méditerranée, au sud par l'Algérie et la Tripolitaine, la Tunisie couvre une superficie d'environ 11,800,000 hectares. Ce chiffre est un maximum. Nous expliquerons plus loin la cause de l'incertitude qui règne aujourd'hui encore sur l'étendue de la Tunisie.

Quant à la population, on ne possède que des estimations incertaines et contradictoires : le recensement de l'empire ottoman, fait en 1844, c'est-à-dire trente-trois ans après l'acte d'indépendance de la Tunisie, attribuait à cet État 950,000 habitants ; les dernières évaluations officielles tunisiennes, qui remontent à 1867 ou 1868, portent 1,007,200 habitants, donnée que M. von Maltzan estime être beaucoup trop faible, tandis que, si l'on supposait à ce pays une densité de population identique à celle de l'Algérie, le chiffre des habitants ne serait plus que de 620,000 à 622,000. Nous n'hésitons pas à rejeter cette dernière supposition, ne serait-ce qu'à cause de l'étendue très restreinte des steppes et du Sahara tunisiens, comparée à celle des régions correspondantes de l'Algérie, où, en quelques-unes de ses parties, on ne rencontrerait pas même un chasseur d'autruches ou de gazelles sur 1500 kilomètres carrés.

Il est probable que la population de la Tunisie atteint, si elle ne dépasse pas, un million d'habitants.

Par sa position géographique dans l'est du large promontoire que forme la Berbérie sur la Méditerranée, la Tunisie devrait, comme l'Algérie, jouir d'un climat participant à celui du midi de l'Europe et à celui du Sahara, région sur laquelle elle empiète. Tel est bien le cas, en effet, d'une manière générale. Des séries d'observations météorologiques n'ayant jamais été faites avec suite sur aucun point de l'intérieur (par exemple à Bâdja, à El-Kâf, à Sebeïtela ou à Gafça), on ne peut préciser la nature du climat et on en est réduit à des inductions. Un consul français qui connaissait l'Algérie, et qui pouvait établir des comparaisons, M. Pélissier, a dit que le nord de la Tunisie est moins favorisé sous ce rapport que nos trois départements transméditerranéens. Le double voisinage de la mer, au nord et à l'est, devrait produire un effet contraire, et, toutes proportions gardées, c'est aussi l'effet qu'on observe dans le sud du pays. Ici, nous pouvons

parler *de visu*. Sans nous arrêter à la fraîcheur
et à l'exubérante fertilité des oasis du Djerîd, qui
dépend peut-être, en partie au moins, d'une cause
toute locale (des sources et des *rivières* thermales), nous trouvons dans le Sahara tunisien, dans
le Nefzâwa et les 'Aârâd, des signes évidents de
l'influence du voisinage de la Méditerranée. La
flore sauvage, mieux encore que les cultures,
indique que les vents de l'est et de l'est–sud-est,
qui n'apportent pas de fraîcheur en Algérie, laissent tomber sur le Sahara tunisien, sous la forme
de rosée, une petite quantité d'humidité enlevée
à la Méditerranée. Au sud du Chott El–Djerîd,
sous la même latitude que l'oasis la plus septentrionale du Soûf, on voit le sol couvert des plantes du pays au nord de Biskra et de quelques-
unes des plantes des hauts plateaux de l'Algérie.
Ce détail n'est pas insignifiant; il implique que
la nature permet dans le Sahara tunisien des cultures inconnues au Sahara algérien. Aussi les
ruines romaines, ces enseignements du passé,
s'avancent-elles dans le Nefzâwa à presque un
degré de latitude au sud de leur limite extrême
sud dans le département de Constantine. Aussi
les historiens arabes du moyen âge, El–Bekrî par

exemple (1), vantent-ils les plantations de canne
à sucre de l'oasis de Gâbès, où cette plante pré-
cieuse n'existe même plus comme curiosité.

Nous ne parlerons que pour mémoire de la
richesse minérale du pays; elle est à peine con-
nue. On a pourtant signalé des mines de fer, de
plomb, etc.

Le blé, l'orge, le henné, la garance, l'olivier,
l'oranger, le figuier et le dattier sont, parmi les
végétaux cultivés, ceux qui dominent dans la
production agricole de la Tunisie. Presque partout, au nord de la chaîne de montagnes qui abrite
les oasis d'El-Guettâr et de Gafça, les terres sont
susceptibles d'être cultivées en blé et en orge, ce
qui a lieu en beaucoup d'endroits, et les montagnes de la région du littoral, limitrophe de l'Algérie, sont couvertes de forêts importantes. Dans
les oasis, aussi bien dans celles du Djerîd et du
Nefzâwa que dans celles qui bordent la petite
Syrte, on trouve des dattiers qui sont célèbres
pour la qualité de leurs produits, et là, comme
dans le Tell, prospèrent aussi l'oranger, le figuier
et l'olivier.

(1) *Description de l'Afrique septentrionale*, texte arabe. Alger,
1857, p. 17.

De tout temps l'élevage du bétail et même des bestiaux a été en honneur en Tunisie. Quelques tribus du nord et du littoral à l'est ont des bœufs; toutes les tribus du centre et du sud possèdent de nombreux troupeaux de moutons, qui constituent leur principale richesse. Les unes et les autres élèvent des chevaux, et partout le chameau ou le mulet sert aux transports. On chercherait vainement dans le reste de la Berbérie et dans le Sahara des chameaux plus forts que ceux des habitants de Sefâqès (Sfax des cartes) ; ces magnifiques animaux sont nourris avec du son et des tourteaux de marc d'olives.

II

LES RÉGIONS NATURELLES. — LA LIGNE DES FRONTIÈRES. —
LES DIVISIONS POLITIQUES.

La nature a divisé toute la Berbérie en trois
grandes régions, qui ont chacune des caractères
propres : au nord et à l'est, la région fertile, sou-
mise au régime des pluies d'hiver, qui rappelle
les parties les plus privilégiées du midi de l'Europe ; au centre, la région des steppes, présentant une succession de plateaux qui participent
aux climats de la zone précédente et de la suivante, et où, presque partout, le sol produit
spontanément des graminées ou des plantes aro-
matiques spéciales, offrant aux moutons et aux
chameaux la pâture qu'ils préfèrent ; au sud
enfin, le Sahara, ou la région désertique, sèche
et aride, où les nomades peuvent encore faire
paître leurs troupeaux dans les vallées ou sur des
plaines basses, sablonneuses, sortes de réservoirs

qui conservent le résidu des rares pluies tom-
bant sur une immense étendue de terres. Telles
sont aussi les divisions naturelles de la Tunisie,
où l'on trouverait environ 2,800,000 hectares de
terres cultivables, près de 4,000,000 d'hectares
de steppes bons pour l'élevage du bétail et du
chameau, et près de 5,000,000 d'hectares de
désert. Mais, tandis qu'en Algérie, pays central
dans la Berbérie, les trois zones se succèdent
d'une manière bien tranchée, en Tunisie le littoral fait une exception à la règle générale ;
son climat et ses productions sont intermédiaires
entre ceux du Tell et ceux des oasis.

Dès les premières lignes de cet exposé, nous
avons dû faire des réserves quant au chiffre de
la superficie de la Tunisie, et ces réserves ont
pu surprendre tel lecteur qui avait déjà trouvé,
soit dans un manuel de géographie, soit dans un
atlas, une réponse positive à cette question de
l'étendue de la Tunisie. La réponse des manuels
et des atlas est rarement satisfaisante. Il suffit
pour s'en convaincre de comparer entre elles les
différentes cartes : au sud des montagnes qui
forment la limite du Sahara il y a discordance
entre les indications des différents auteurs. Cela

s'explique, dans une certaine mesure, car le
Sahara est resté en dehors des travaux de délimi-
tation de frontières ; mais, pour nous qui avons
étudié personnellement, avec un soin impartial,
la question sur les lieux, le doute n'existe pas.
Nous donnerons donc ici un tracé complet des
frontières de la Tunisie, non sans faire remarquer
que dans le Tell, le pays des Khoumîr et celui
des Oulâd Boû-Ghânim ; dans le Sahara, les
pays des Ourghamma et des 'Akkâra, etc., sont
comptés ici comme des portions du territoire
tunisien. La vérité est que les Khoumîr sont
indépendants ; les faits d'actualité le démontrent
envers et contre toutes les prétentions de la
cour du Bardo. Quant aux Oulâd Boû-Ghânim,
aux Ourghamma, etc., il est possible qu'ils
soient aujourd'hui comme en 1866 et 1868 en
état de rébellion contre le bey, c'est-à-dire
dans leur situation normale.

Si donc nous prenions la frontière actuelle
de l'Algérie comme formant aussi celle de
la Tunisie, c'est une ligne partant du cap
Roux, passant par les sommets du Djebel
Ghorra et du Djebel Dìr, faisant un crochet
incompréhensible, à l'ouest, pour toucher la

vallée de l'Ouâd Boû-Hadjâr, revenant à l'est
et courant ensuite nord et sud de manière à
laisser dans l'ouest, en Algérie, Bekkarîya à
6 kilomètres, et Brisgân à 10 kilomètres. Il y a
un siècle et demi environ, en 1738, la part de
la Tunisie n'était pas tout à fait aussi belle.
L'ancienne frontière partait de l'île de Tabarqa,
à 13 kilomètres est du cap Roux et passait à
17 kilomètres est du Djebel Dìr, tout près de
Haïdra. Plus loin au sud, et bien que Brisgân
soit encore à 87 kilomètres des montagnes qui
séparent la région des steppes du Sahara, le
tracé de la frontière actuelle n'a plus toute la
précision désirable ; on s'accorderait pourtant à
la faire entrer dans le désert par le défilé de
Khanguet Foumm En-Nâs, c'est-à-dire à 16 ou
17 kilomètres dans l'est de l'oasis de Negrîn et
des ruines romaines de Besseriàni.

Nous touchons là à une région où, si on excepte
les oasis, l'état de la propriété foncière est d'une
nature toute différente de ce qu'il est en Europe.
Ce n'est plus l'individu, c'est la tribu (par assi-
milation nous dirions la commune) qui possède
le sol. Non seulement le besoin d'une attribution
individuelle ne s'est pas fait sentir, mais les

choses resteront toujours en l'état parce que les
pluies, ne réveillant presque jamais la pauvre
végétation désertique sur toute l'étendue des
terre de parcours d'une même tribu, il est de
l'intérêt de chaque chef de tente, possesseur de
troupeaux, de pouvoir les conduire dans le canton favorisé. Maintenant, demandera-t-on, com-
ment reconnaître dans le Sahara les limites même
des territoires de deux tribus limitrophes?

Nous répondrons : Dans les terres de parcours
du Sahara, le sol appartient à celui qui en jouit
de temps immémorial, à celui qui, en ayant la
jouissance, l'a vivifié, y a exécuté les seuls travaux que réclame la civilisation compatible avec
le milieu physique, en un mot à celui qui y a
creusé les puits et qui les entretient. Cette loi
n'est pas de notre invention, elle n'est pas non
plus écrite dans aucun code, mais partout elle
est reconnue vraie, sinon toujours respectée par
les Sahariens. Pour eux, quiconque creuse un
puits fait un acte méritoire devant Dieu ; son nom
est transmis aux générations suivantes, et souvent ce nom ou celui de la tribu reste à jamais
attaché à son œuvre. Partant de cette base, des
études continuées pendant près de deux ans, dans

le Sahara de Constantine, le Sahara tunisien et le Sahara tripolitain nous permettent de préciser comme suit la ligne des frontières sud de la Tunisie :

A partir de la Khanguet Foumm En-Nàs, elle court au sud des villages de Mìdâs et de Chebìka, laissant tout le Chott El-Gharsa en territoire français ; elle passe au nord des villages d'El-Mesàïba et de Nafta, et entre cette dernière oasis et le puits de Mouï Soultân, où campent les Nemêmcha. La frontière longe ensuite le rivage du Chott El-Djerîd jusqu'à 25 kilomètres de la petite oasis d'El-Fowwâr, dans le Nefzâwa, car tout le pays à l'ouest de ce chott appartient à des tribus algériennes.

De ce point, elle prend une direction sud-est jusqu'à 13 kilomètres sud du puits d'El-Merhotta, à l'extrémité du Nefzâwa, où l'Algérie cesse de toucher à la Tunisie pour devenir frontière de la Tripolitaine, et de l'empire ottoman jusqu'aux murs de l'oasis de Ghadâmès, aujourd'hui à la Turquie, mais qui, au moyen âge, relevait du royaume de Tunis.

Quant aux limites actuelles de la Tunisie du côté de la Tripolitaine, nous pouvons les indi-

quer presque aussi nettement que les précédentes. On n'a qu'à prolonger à l'est-sud-est le
tracé que nous avons laissé à 13 kilomètres sud
du puits d'El-Merhotta, à lui faire couper les
montagnes de Douïrât, de manière à passer entre
l'oasis tripolitaine de Remâda, dans l'Oudeï El-
Gouâfel, et la source tunisienne d'El-'Achoûch;
au delà, dans les vastes plaines d'El-Djefâra, la
Tunisie possède le Djebel El-Guela'àt et le puits
d'El-Ouahoûya, que la ligne séparative laisse à
l'ouest, pour aller aboutir au golfe et au fortin
d'El-Bibân, sur la Méditerranée.

Telles sont les véritables frontières qu'un loyal
ennemi pouvait et devait reconnaître à la Tunisie au mois de janvier 1881. Nous pensons qu'il
n'était pas sans intérêt d'en présenter une esquisse aussi détaillée, et nous prions le lecteur
de nous pardonner l'aridité des paragraphes qui
précèdent. Peut-être certains esprits, en Algérie même, seront-ils surpris en voyant la part
minime que nous avons faite ici au Sahara tunisien. Nous sommes persuadés qu'une enquête
contradictoire, soigneusement conduite, confir-
mera ce que nous avons avancé.

Au point de vue de la géographie politique, le

territoire tunisien est divisé en vingt-deux qâïdats ou gouvernorats dont dix-huit ont une population mixte, c'est-à-dire des habitants fixés au sol et des nomades, et quatre une population exclusivement sédentaire. En outre trente et une tribus nomades, arabes ou berbères, disséminées dans toute l'étendue du pays, ont chacune un qâïd qui les administre à part, et qui ne relève que du ministre ou des autorités militaires.

Les vingt-deux qâïdats ou gouvernorats sont ceux de : Tunis (gouvernorat), Sìdi Boû-Sa'ìd, Benzert (Bizerte des Européens), Mâter (ou Mokhtàr), Tabarqa, Bâdja, El-Kàf, Mohamme-dìya et Mornâqîya, Hammâm El-Enf, Selìmàn, Teboursouq, Tastoûr, Tebourba, Sàhel et Soûsa, Mistìr (ou Monastìr), Mahdìya, Sefàqès et îles Qerqena, Qaïrouân et 'Oroûch Sanâdjaq, Gafça, Tôzer (ou Djerîd proprement dit), El-'Aârâd, île de Djerba.

On trouvera plus loin des détails concernant les qâïdats et les tribus nomades, et en particulier ceux sur lesquels l'attention est actuellement appelée.

III

LES RACES. — COUP D'ŒIL SUR L'HISTOIRE.

Cherche-t-on à démêler dans la population actuelle de la Tunisie les éléments qui la composent, on y reconnaît d'abord un fonds de race berbère, de cette race blanche qui a donné son nom à la Berbérie (Tripolitaine, Tunisie, Algérie, Maroc), où nous la trouvons établie depuis le commencement des temps historiques, et que les auteurs grecs et latins nous font connaître sous les noms de Libyens et de Numides. A côté des Berbères, et fortement mélangés avec eux, il y a la race arabe, c'est-à-dire les descendants des conquérants sémites qui sont venus de l'Orient porter le dernier coup à la domination romaine et au christianisme dans le nord de l'Afrique. Incontestablement, du sang de ces peuples, c'est celui du Berbère qui l'emporte. Et pourtant le vernis de la civilisation musulmane a si bién passé sur

tous les Tunisiens, que rares sont aujourd'hui
les tribus qui aient conservé l'usage de la langue berbère : dans le nord, peut-être, la puissante tribu des Derîd, qui vit près des villes d'El-
Kâf et de Bâdja ; dans le sud, les Ourghamma,
les habitants du Djebel Douïrât et du Djebel
Matmâta, et le peuple de l'île de Djerba. Nulle
part on ne retrouve de descendants directs ni
des Carthaginois ni des Romains ; mais il y a
dans presque tous les centres des colonies juives,
qui doivent être fort anciennes ; dans les principaux chefs-lieux et les villes maritimes, des
colonies turques, méritant à peine ce nom, tant
la notion de la colonie, de l'établissement stable
pour un travail patient, est l'antithèse de l'esprit national des 'Osmanli, et enfin des colonies
européennes, composées notamment de Français, de Maltais (sujets anglais) et d'Italiens.

A part quelques familles des plus grandes
villes, les citadins sont généralement des gens
laborieux, intelligents, alertes ; ils cultivent l'industrie avec succès, et les produits de leur fabrication, vêtements, étoffes de luxe, armes, selle-
rie, essences, etc., jouissent d'une réputation
méritée, non seulement dans la Berbérie, mais

jusque dans la Nigritie, avec laquelle Tunis entre-
tenait jadis un commerce actif. Doués d'un certain courage lorsqu'ils sont dans leurs murs, les
citadins ou Maures de la Tunisie perdent quelque
peu de cette qualité lorsque les circonstances les
obligent à faire un voyage ; à la moindre appa-
rence de danger, on les voit mettre une sourdine
à leur jactance et à leur faconde proverbiales.

Les nomades diffèrent absolument des citadins sous tous les rapports, et ils comptent pour
466,400 (1) dans la population totale, c'est-à-
dire pour un peu moins de la moitié. Pour qui
ne connaîtrait que les Arabes nomades des steppes et du Sahara des départements d'Alger et de
Constantine, déjà quelque peu assouplis à une
existence plus paisible et plus légale, il y a
matière à surprise en voyant quel mépris du
droit règne chez les nomades tunisiens, particulièrement chez les Khoumìr, au nord ; les Ferà-
chìch et les Djelàç, au centre, les Hamâmma, les
Oulàd Ya'goùb et les Ourghamma, au sud. Et
nous ne citons que les exemples les plus frap-

(1) 304,400 nomades ont une administration spéciale, et
162,000 nomades sont compris dans les qàïdats où domine par le
nombre une population sédentaire.

pauts. On se prend à douter de l'excellence du foud et de la forme d'un gouvernement qui laisse subsister parmi ses sujets, et n'oublions pas qu'il s'agit de sujets musulmans, des errements traditionnels tels que celui-ci. Nous venons de nommer la grande tribu nomade des Hamâmma. Lorsque chez eux naît un garçon, le jour même de l'événement son père le pose sur un cheval tout harnaché et lui dit, en forme de baptême, ces deux vers :

> Es-serdj ou el-ledjâm,
> Ou el-'aïch 'alà el-Islâm !

> « La selle et la bride,
> Et la vie sur l'Islam! »

C'est-à-dire : « Comme tout bon Hamâmmi (1), tu auras pour héritage un cheval et des armes : à toi ensuite de te tirer d'affaire en courant sus à tes frères et coreligionnaires les *musulmans.* » Il n'est question ni des juifs ni des chrétiens ; pour ceux-là, bien entendu, quand l'occasion se présente, les recommandations seraient superflues.

(1) Hamâmmi est le singulier de Hamâmma.

C'est certainement aux brigandages des tribus que nous avons nommées qu'il faut attribuer, au moins en partie, un fait historique qui s'est accompli au grand détriment de la fortune du royaume, puis de la régence de Tunis, l'interruption des relations commerciales directes entre les villes maritimes de Tunis et de Gâbès, et les marchés de la Nigritie. Il fut un temps où la renommée du roi de Tunis était grande dans le pays des Nègres, où les souverains des États de plusieurs parties de cette vaste région de l'Afrique envoyaient des ambassades et des présents au maître de Tunis, où le Djebel Nefoûsa, l'oasis de Ghadâmès, le marché de Rhât, dont les habitants tiennent la clef du commerce sur tant de routes transsahariennes, payaient tribut à Tunis et en recevaient des lois. Aujourd'hui, cette puissance politique de Tunis, dans des contrées aussi lointaines, a disparu ; ses marchands n'osent plus s'avancer dans le Soudân, mais le goût et le talent de ses ouvriers assurent encore à ses produits la faveur des consommateurs dans tout le Sahara et le bassin du lac Tsâd, ou Tzâdé.

Il y a donc chez le peuple tunisien de bons comme de mauvais côtés ; et la démoralisation

qui l'a miné sous le gouvernement des pachas-
beys ne doit pas nous faire renoncer à le voir se
réveiller un jour et renaître à la civilisation.

Nous ne songeons pas à retracer ici l'histoire
complète de la Tunisie. Les études classiques
ont familiarisé tous les lettrés avec les grandes
phases de l'histoire de Carthage phénicienne et
romaine, puis des provinces d'Afrique et de
Numidie et de Byzacium pendant la durée de la
domination romaine en Tunisie. Nous ne ferons
que rappeler le royaume arabe de Qaïrouân ou de
Tunis, qui eut ses jours de gloire sous les dynas-
ties des Aghlabites (796–919) et des Hafçides
(xiiie siècle). Arrivons tout de suite aux temps
modernes. En 1573, les armées du sultan de
Constantinople firent la conquête de la Tunisie,
qui resta pendant cent trente-deux ans une province de l'empire ottoman, administrée, comme
les autres provinces, par un gouverneur révo-
cable, nommé par le padichah. Le dernier de ces
fonctionnaires, Hoseïn-Bey, fonda la dynastie
des pachas-beys de Tunis en usurpant une quasi-
indépendance dans l'année 1705. Hoseïn-Bey
était de race turque, il avait sous ses ordres une
partie de l'armée turque et des dignitaires égale-

ment nés en Turquie. Il conserva auprès de lui
et fixa dans le pays ces éléments de domination,
mais, tout en s'arrogeant la dignité royale avec
l'hérédité et une certaine indépendance politique, il continua à considérer le sultan de Constantinople comme le commandeur des croyants,
et, à ce titre, il lui demanda l'investiture et lui
paya un tribut.

Un siècle plus tard, en 1811, Hamoûda-Pacha
brisa les derniers liens de ce vasselage politique
direct, et pour lui et ses successeurs le sultan ne
fut plus que le chef de leur religion. Au lieu du
tribut annuel d'autrefois, ils lui offrirent et lui
offrent encore un simple don de bon avènement,
en échange d'un acte de reconnaissance qu'on
sait être accordé par avance. Ainsi donc la Tunisie est indépendante depuis l'année 1811, bien
que la chancellerie de la Sublime-Porte parle
toujours du *vilâyet*, de la *province* ottomane de
Tunis. On aurait tort de s'arrêter à cette vaine
formule, qui est en contradiction avec l'évidence.

En 1861, — peut-être en est-il encore ainsi
en 1881, — le sultan nommait bien un *mouchîr-
pacha*, c'est-à-dire un maréchal, gouverneur
général de l'Algérie, gouverneur *in partibus*, cela

va sans dire, car le gouverneur général turc de l'Algérie réside toujours à Constantinople ! Nous ne nous en sommes pas formalisés, pas plus que l'Angleterre ne se formaliserait aujourd'hui en voyant reparaître le titre de roi de Chypre sur les monnaies frappées à l'effigie du souverain de la maison de Savoie.

―――――――

IV

En Tunisie, le bey est un souverain absolu.

Il gouverne par l'entremise d'un ministère et de fonctionnaires choisis par lui. Le territoire est divisé en *outan*, provinces ou circonscriptions administratives, à la tête de chacune desquelles est placé un *qâïd*, qui a sous ses ordres un ou plusieurs *khalifa* (lieutenants), et enfin les *cheïkh*, c'est-à-dire les maires des villes, des villages et des fractions de tribus. Le qâïd réunit entre ses mains presque toutes les branches de l'administration ; il répartit les impôts et les prélève, il fait les recensements, il veille à l'application des lois, et parfois il interrompt l'exercice de ses fonctions administratives pour prendre le commandement de la garde nationale.

Nulle règle ne préside au choix des fonctionnaires et n'assure le recrutement d'hommes capables de remplir les postes de l'administration. En haut, c'est le caprice du souverain qui désigne les ministres. Tant mieux si par hasard son caprice le fait tomber sur un homme droit, énergique, intelligent et dévoué! Tant pis si l'élu ne gravit les degrés du pouvoir que grâce aux sommes d'argent, aux chevaux de race, aux belles négresses, et bien plus aux jolis garçons de Circassie, d'Arménie ou d'ailleurs qu'il offre de temps à autre à son souverain. Car, bien que la vente des esclaves ait été interdite il y a déjà longtemps, et que les marchés aux esclaves soient fermés, l'esclavage continue à exister, et la traite des hommes, mais surtout la traite des femmes, se fait en Tunisie, nous en avons eu des preuves irrécusables. On devine jusqu'où vont les conséquences de ce principe déplorable, et qui, en dernier ressort, supporte les frais des transactions sur le marché aux places. Prenons un exemple:

Un favori vient d'être appelé au commandement d'une tribu ou d'une ville. Il a dépensé beaucoup, souvent beaucoup trop, pour satisfaire son ambition. Son premier souci sera non pas de veiller au bien de ses administrés, mais de rentrer dans ses déboursés et, pour cela, il lui sera plus facile de s'adresser aux pauvres, qui sont sans protection, qu'aux riches, qui ont de l'influence et dont la voix pourrait porter loin. Tout d'abord le qâïd a les places de ses subordonnés, qui représentent un capital presque entièrement à la disposition de leur supérieur hiérarchique. Sans qu'il ait besoin de parler, les cheïkh viennent les uns après les autres lui offrir un cadeau d'investiture, et les rivaux des cheïkh ne manquent pas de s'efforcer d'éclipser la magnificence de ceux-ci ; ils insinuent discrètement que s'ils étaient désignés pour remplacer le cheïkh en fonctions, tel impôt serait susceptible de prendre un accroissement notable, et que la vieille considération dont ils jouissent imposerait silence à toute velléité importune de récrimination. Finalement la dignité de cheïkh reste au plus offrant et, par suite, toutes les fonctions subalternes sont également mises à l'enchère.

Quelques propriétaires ambitieux sortent de là la bourse allégée ; mais le peuple, les bons misérables, sentent seuls tout le fardeau de ces intrigues, car il n'est pas jusqu'au cavalier servant de gendarme, jusqu'au valet du plus humble

maire, qui n'ajoute aux exactions. Tel est le niveau de la moralité dans la classe la plus éclairée,
qu'un jeune Européen, cherchant à étudier,
en 1860, le pays sous tous ses aspects, et priant
les qàïd et cheïkh de différentes villes de la Tunisie de lui communiquer le montant des impôts
de leurs circonscriptions, put obtenir, sans diffi-
culté, le chiffre des exactions, qui lui était pré-
senté sous la rubrique euphémique de *haqq es-
sabbât*, c'est-à-dire prix des souliers, des souliers
que le fonctionnaire est censé user en accomplis-
sant les devoirs de son emploi. Dans une ville
comptant une population de 1900 mâles adultes
(on ne faisait pas le recensement des femmes et
des enfants), et payant au gouvernement tunisien
380,250 francs d'impôts, le *prix des souliers*
s'élevait à 26,250 fr. ; dans une autre ville, voisine de la première, les impôts réguliers faisaient
360,000 francs seulement, mais le fameux
prix des souliers rapportait un joli denier,
81,000 francs (1). Partout le pauvre contri-
buable avait encore à satisfaire l'avidité du

(1) Il nous serait facile de préciser en donnant les noms des
villes et des qàïd. Nous préférons taire ces indications qui
n'ajouteraient aucun intérêt à notre exposé.

menu fretin des employés et de leurs valets.
En y réfléchissant bien, il y a vingt ans,
un seul fonctionnaire de l'État tunisien devait
renoncer, et pour cause, à tout bénéfice de cette
nature. Ce fonctionnaire était le bourreau.

Après ces détails, pris sur le vif, on ne s'éton-
nera pas de voir le gouvernement appliquer en
matière d'impôts des principes qui sont l'opposé
de la maxime du duc de Sully. Il frappe exclusivement les « deux mamelles nourricières de
l'Estat», l'agriculture et le commerce. Ainsi, dans
les oasis du Djerîd, où nous avons pu recueillir des
indications précises à ce sujet, il n'y avait d'im-
posés que les palmiers-dattiers, c'est-à-dire la
seule richesse agricole, et les marchés, c'est-à-
dire tout le commerce. Et là, comme dans le reste
de la Tunisie, chaque homme, riche ou pauvre,
parvenu à l'âge adulte, payait une capitation de
47 fr. 25. Aussi les plus pauvres cultivateurs,
dans une région où le principal produit agricole,
la datte, n'a qu'une valeur très minime, étaient-
ils littéralement aux abois et, du fond des caves
qui leur servaient de prison, en appelaient-ils à
l'intervention du voyageur français, impuissant,
hélas ! à faire rendre justice à des hommes qui ne

possédaient plus au monde qu'une vieille couverture les enveloppant à moitié.

Malgré les lourdes charges qui ont pesé depuis longtemps sur les Tunisiens, l'État n'a su ni favoriser le développement du pays par des travaux utiles, ni même équilibrer les recettes dont les produits se sont engouffrés dans des dépenses futiles et folles, presque uniquement destinées à satisfaire l'amour du luxe, l'orgueil et l'ambition d'un nombre très restreint d'individus. L'armée elle-même était négligée, et l'on appelait grandes routes des sentiers courant par monts et par vaux et forçant de traverser les rivières à gué; ces sentiers ne sont indiqués que par les traces laissées par les voyageurs suivant, depuis des siècles, une même direction. Les Arabes, et après eux les Turcs, n'auraient eu pourtant qu'à réparer et à entretenir le magnifique réseau des voies romaines existant au moment où ils firent la conquête de la Tunisie!

Pour parer aux déficits creusés par l'ignorance, la mauvaise administration et les dilapidations, le gouvernement tunisien a dû recourir à l'emprunt. C'est malheureusement là le côté des affaires tunisiennes le mieux connu en

France. Il nous suffira de rappeler que la dette
tunisienne, qui est presque entièrement entre des
mains françaises, s'élevait en 1869 au chiffre de
275,000,000 de francs. Nous ajoutons que, pour
servir les intérêts et l'amortissement de cette
somme relativement colossale, il faut trouver
35 millions par an, tandis que toutes les recettes
de l'État tunisien réunies n'atteignent que
26,916,680 francs.

La conséquence forcée de tout ce système de
gouvernement a été de produire une désaffec-
tion générale contre les beys. Ceux-ci ont toujours
dû recourir aux moyens violents pour prélever
les impôts. Ils sont obligés d'envoyer une armée
qui, prêtant son appui aux qàïd, force les contribuables à s'exécuter. Très souvent, il arrive
que les tribus nomades se dérobent en passant
sur le territoire algérien ou sur le territoire tripolitain, mais l'armée tunisienne ne s'arrête pas
à une question de frontière pour les poursuivre.
Nous donnons un exemple : Au mois de janvier 1875, une colonne tunisienne est venue sur
le territoire algérien jusqu'à Besseriàni, tout
près de Negrin, et elle a atteint les Hamàmma,
toujours sur le territoire algérien, à Bîr Boù-

Khiyâl, puits dans lequel le commandant eut la barbarie de faire jeter une vieille femme de cette tribu, dont le cadavre y était encore le 23 janvier, au moment où M. le capitaine Roudaire et l'auteur de ces lignes s'y arrêtaient dans une de leurs excursions pendant la première mission des Chott.

Ce gouvernement oppresseur s'est d'ailleurs toujours montré incapable d'assurer la sécurité soit à ses propres sujets, à l'intérieur du royaume, soit aux sujets français du côté de l'Algérie, soit aux sujets ottomans du côté de la Tripolitaine.

Dans la Tunisie même, les environs immédiats des plus grands centres étant exceptés, partout le voyageur indigène ou étranger est exposé à faire la rencontre d'une bande de maraudeurs, et l'insécurité est telle, que les marchands n'osent se mettre en route qu'en nombre imposant, et bien armés.

Sur la frontière nord les Khoumìr n'ont-ils pas poussé l'audace jusqu'à venir enlever en Algérie, à Oumm El-Toboûl, des ouvriers mineurs qu'ils n'ont rendus que contre le payement d'une rançon! Au sud-ouest les Hamâmma, les

Oulàd Ya'goùb, etc., violent incessamment les
limites de l'Algérie, si bien que la vue d'un ou
deux cavaliers est le signal d'une panique pour
les bergers de la partie orientale du Sahara de
Constantine. Pendant la première mission des
Chott nous avons plus d'une fois été obligés
d'aller rassurer un jeune pâtre, blotti dans le
sable et claquant des dents, que notre apparition
avait jeté dans l'épouvante. Ces paniques sont
malheureusement justifiées par des sinistres assez
fréquents; le voyageur qui s'arrêterait aujour-
d'hui au puits de Mouïa El-Toùnsi, dans le Sahara
algérien, pourrait y voir deux tombes qui seraient
pour lui un salutaire avertissement. Dans l'une
repose le corps d'une victime des Hamâmma ;
dans l'autre le corps d'une victime des Oulàd
Ya'goùb. Au sud-est la situation est la même,
mais là ce sont les Ourghamma tunisiens qui
infestent les routes de Tripoli au Djebel Nefoûsa
et à Ghadâmès. Ils vont quelquefois enlever les
troupeaux, ou les caravanes, jusqu'à moins de
80 kilomètres de la capitale du vilàyet. Et, ici
encore, nous parlons presque en témoin oculaire,
ayant passé sur le théâtre de ces méfaits peu de
jours après qu'ils venaient d'avoir lieu.

Veut-ou maintenant envisager la Tunisie sous le rapport militaire, on aurait tort de ne considérer que les points fortifiés et l'armée régulière, ou même de calculer le nombre probable des combattants en se basant sur le rapport existant en France, par exemple, entre le chiffre de la population et l'effectif de l'armée. En Tunisie, comme dans tous les États musulmans, tout homme en état de porter les armes devient soldat en cas de besoin, et cela sans limite d'âge. Voilà la loi et la coutume. Naturellement, si le souverain est aimé de son peuple, ou si la guerre qu'il mène est nationale, si surtout il lui donne un caractère sacré, les volontaires sortent de terre. Naturellement aussi le zèle du guerrier se refroidit en proportion de ce que le souverain s'est aliéné les sympathies, de ce qu'il poursuit un but personnel, ou de ce que la cause de la religion est moins engagée dans l'affaire. Enfin les tribus nomades riches en chevaux sont, en général, plus que les villageois et les citadins, disposées à partir pour la guerre.

En 1860, l'effectif de l'armée régulière était de 20,000 hommes, chiffre officiel. Neuf ans plus tard, il y avait 35,000 hommes sur le pa-

pier, et 10,000 seulement sous les drapeaux.
Ces indications permettent de se faire une idée
approximative des forces régulières de la Tunisie. Quant aux irréguliers, il serait impossible
d'arriver à une estimation quelque peu sûre,
mais indubitablement, dans une guerre vrai-
ment nationale contre les chrétiens, les contin-
gents irréguliers dépasseront de beaucoup le
nombre des troupes régulières qui formeront le
noyau de l'armée.

On compte vingt points fortifiés en Tunisie ;
mais il s'en faut de beaucoup que toutes les fortifications de ces vingt points soient dignes de
mériter l'attention des stratégistes européens.
Dans beaucoup de cas, il s'agit simplement de
forts aux murs de pierre ou de maçonnerie, bons
pour résister lors des soulèvements des tribus en-
vironnantes, et l'artillerie dont ils sont armés se
compose quelquefois de vieux canons en fer, sans
affûts. Certains forts des parties nord du pays,
surtout des environs de Tunis, se présenteraient,
il est vrai, dans de meilleures conditions.

Voici d'abord les positions fortifiées situées
le long de la côte et sur les îles, en commençant
à la frontière de l'Algérie :

Bordj Djedìd, à 36 kilomètres nord-ouest de Bàdja, en face de Tabarqa ; l'île de Tabarqa, dont nous venons de renverser les fortifications ; Benzert, avec une citadelle, et un fort isolé ; la Goulette (Halg El-Ouâd), avec un fort et des batteries ; Ghâr El-Melh (Porto-Farina), avec deux forts ; Tunis, avec des murailles d'enceinte et une citadelle ; Hammâmet, avec une muraille d'enceinte et une citadelle ; Soûsa, avec une muraille d'enceinte, une citadelle et un fort isolés, armés de quatre-vingt-cinq canons ; Monastîr, avec deux enceintes murées, une citadelle et deux forts, armés de soixante-huit canons ; Mahdîya, avec une enceinte en ruines et une citadelle bien entretenue ; Sefàqès, avec une enceinte crénelée flanquée de tours, une citadelle, un fort et dix canons ; Djezìret El-Charqi, groupe des îles Qerqena, avec un château et deux tours ; Gâbès, avec un fort, et un fortin sur la rivière ; l'île de Djerba, avec huit forts ; Zarzìs, avec un petit fort ; El-Bìbân, avec un fortin.

Les places fortifiées de l'intérieur sont en nombre très restreint comparativement aux places maritimes : Mâter, ville murée, au nord de la

Medjerda ; Bâdja, au nord de la Medjerda, enceinte flanquée de tours, et une citadelle avec quatre canons en temps de paix ; El-Kâf, au sud de la Medjerda, enceinte bastionnée, une citadelle et un fort détaché ; Bordj El-'Arbî, fort sur le territoire de la tribu des Mâdjer, non loin des ruines de Sebeïtla (ancienne *Sufetula*); Teboursouq, ville murée au sud de la Medjerda, presque sous le méridien de Bâdja; la ville sainte de Qaïrouân, dans le sud de Tunis, avec une enceinte crénelée de quatre kilomètres de tour et plusieurs batteries ; Gafça, dans le Djerîd, avec une citadelle ancienne ; El-Hamma Matmâta, petit fort à l'ouest de Gâbès ; et enfin Bordj Nefzâwa, simple maison de commandement, au sud du Chott El-Djerîd.

Toutes les forces militaires de la Tunisie sont divisées en quatre commandements, dont les chefs, les *kiahia*, ont leurs résidences à Benzert (63 kilomètres nord-nord-ouest de Tunis), à El-Kâf (148 kilomètres ouest-sud-ouest de Tunis, et 37 kilomètres de la frontière algérienne), à Qaïrouân (127 kilomètres sud de Tunis et 65 kilomètres ouest de Monastìr), et à Gâbès (327 kilomètres sud de Tunis).

RELIGION ET CONFRÉRIES RELIGIEUSES

Tous les habitants de la Tunisie sont musulmans, excepté, bien entendu, les membres des colonies européennes et juives. Mais il existe une différence entre la religion des hauts fonctionnaires et celle du peuple tunisien : le bey, les Turcs et les enfants issus des mariages entre Turcs et femmes arabes professent le rite hanefite ; le peuple, le rite mâlekite. Au point de vue de la théologie et du droit musulmans, il faut faire une distinction entre les deux rites. Cette distinction disparaît quand il s'agit des rapports entre musulmans et chrétiens ; aussi ne nous y arrêterons-nous pas.

Si nous touchons ici au côté religieux, c'est uniquement pour exposer un aspect de la question, certainement le plus important, et qui est peut-être le moins bien connu en général ; nous voulons parler des confréries religieuses musulmanes, vastes associations qu'on a toujours vues, en Algérie, comme au Maroc et en Tunisie, mêlées à tout ce qui touche la politique. Quiconque a étudié les causes des divers soulèvements contre l'autorité française en Algérie, a été amené à reconnaître, dans chaque cas particulier, la main d'une confrérie religieuse musulmane. Elles jouent en Afrique un rôle analogue d'ordinaire à celui que jouaient en Europe, vers le commencement des temps modernes, les ordres religieux de chevalerie. Mais forcées de vivre côte à côte avec l'ennemi-né de la plupart d'entre elles, ce rôle pacifique ne leur convient pas toujours et, de temps à autre, il sort de leur sein des prédicateurs exaltés, dont l'éloquence en appelle aux armes contre les chrétiens. C'est de ce côté que résident les pires adversaires que nous ayons et puissions jamais trouver de notre domination ou de notre influence dans tout le nord de l'Afrique, jusqu'au Sénégal.

Cependant la politique de toutes les confréries musulmanes a-t-elle toujours été hostile aux conquérants de l'Algérie? Non. On a constaté des exceptions. Parfois le fondateur de l'ordre semble s'être inspiré de sentiments de tolérance tels qu'on se sentirait presque autorisé à renverser le dicton et à dire : « Il y a avec l'enfer des accommodements. » Dans le présent cas, l'enfer n'est pas l'Islâm, religible respectable, à laquelle la civilisation doit beaucoup; l'enfer, c'est la confrérie, qui s'efforce de quintessencier tel verset du Qorân ou tel précepte d'un des Pères de l'Eglise de Mohammed. Et précisément à cause de l'inconnu qui s'ouvre au début de toute controverse religieuse, de la souplesse des interprétations, et d'une certaine faculté de choisir que les commentateurs ont laissée dans presque toutes les religions, la sagesse prescrit de ne pas se livrer, mais d'accepter les avances des confréries musulmanes, sous bénéfice d'inventaire, jusqu'à ce que des actes viennent sceller les promesses.

La sagesse prescrit surtout de ne pas oublier le passé.

Cinq confréries religieuses, ayant chacune des *zaouiya*, c'est-à-dire des couvents-écoles, se disputent les préférences des musulmans de la Tunisie. Ce sont : la confrérie du cheïkh Sîdi 'Abd Er-Rahmân Boû-Qobereïn, celle du cheïkh Sîdi Ahmed Et-Tidjâni, celle du cheïkh Sîdi El-Madani, celle du cheïkh Sîdi 'Abd El-Qâder El-Ghilâni et la zaouiya des Oulâd Sîdi Nâdji. Fait extrêmement digne de remarque, de ces cinq associations religieuses, aucune n'a son centre en Tunisie même, tandis que les directeurs actuels de trois d'entre elles résident en Algérie, par conséquent hors des territoires obéissant à des souverains musulmans. Nous voudrions que les musulmans en général, les Tunisiens et les Algériens en particulier, se rendissent bien compte de l'aveu de notre tolérance religieuse et de notre justice civile impliqué dans cet état de choses!

La confrérie de Sìdi Ahmed Et-Tidjàni mérite ici la première place, parce que Sa Hautesse Sìdi Mohammed Eç-Çâdoq, bey de Tunis, est un de ses affiliés. Parmi toutes les associations religieuses des musulmans de la Berbérie, celle-ci a su vivre longtemps en paix avec la France, et sa maxime fondamentale: *El-haqqou haqqan iatâba*, « le droit découle du droit », offre précisément un terrain tout préparé pour établir une entente, ou du moins un *modus vivendi* acceptable entre chrétiens et musulmans. Son siège est, tantôt à 'Aïn Mâdi, dans le sud du département d'Alger, tantôt à Temâssìn, dans le Sahara de Constantine. Son domaine spirituel sur terre est des plus vastes. Il comprend une partie du Tell et

presque la moitié du Sahara algériens, le pays des
Touâreg Azdjer, le Foûta sénégalais, le royaume
de Sêgou, qui vient de reconnaître officiellement
la suprématie de la France, sans compter de
nombreux clients disséminés dans la Tunisie,
aussi bien dans le Djerìd qu'à Tunis même, où
l'ordre de Sìdi Ahmed Et–Tidjâni possède un
grand couvent.

On retrouve dans ce monde religieux les rivalités de professorat et de prédication qui ont
fait dépenser, dans la chrétienté, tant d'encre et
de paroles enfiellées lors de la fameuse querelle
des capucins et des cordeliers. En Tunisie
les frères de Sìdi Ahmed Et–Tidjâni ont pour
rivaux les frères du cheïkh Sìdi 'Abd Er-Rahmân
Boû-*Qobereïn*, un saint qui sut, comme l'indique
son surnom arabe, réaliser le prodige de reposer
à la fois dans *deux tombeaux*. Tandis que, dans
la première moitié de ce siècle, le supérieur de
la confrérie d'Et–Tidjâni s'était affiché carré-
ment en ennemi de l'émir 'Abd El–Qâder, le
frère du supérieur actuel de la confrérie de Sìdi
'Abd Er–Rahmân, Sìdi El–Hasen Ben 'Azzoûz,
avait accepté de gouverner le sud de la province
de Constantine pour notre puissant adversaire.

On voit donc se dessiner une attitude hostile.
Grâce à cette expérience des intérêts séculiers
qui fait la force des grands directeurs de con-
sciences il entrevit bientôt l'inanité de ses efforts
contre nous et se résigna à accepter les faits
accomplis. Le siège du directeur des frères de
Sidi 'Abd Er-Rahmân est en Algérie, dans le
cercle de Biskra, mais le couvent le plus important est celui de Nafta, dans le Djerìd tunisien,
où, personnellement, nous avons reçu l'accueil
le plus bienveillant de la part de son directeur
Sìdi Mouçtafà Ben 'Azzoùz.

En nous accueillant, ce saint homme prononça
à haute voix, devant de nombreux assistants,
tous frères de l'ordre, ces paroles qu'un voyageur
chrétien entend rarement tomber des lèvres d'un
prêtre musulman : « Soyez le bienvenu ! Tous les
fils d'Adam sont mes enfants. » Il parlait à un
jeune homme qui entrait dans sa vingt et unième
année. Par une singulière contradiction avec
cette déclaration philanthropique, un an plus
tard, on trouvait la preuve d'une participation
active des disciples de Sìdi 'Abd Er-Rahmân
Boù-Qobereïn dans l'insurrection qui venait
d'éclater en Algérie ! Les affiliés de cette confré-

rie sont répandus aussi bien dans la Kabylie que chez les nomades de la province d'Alger, dans le Tell et le Sahara de la province de Constantine et, enfin, dans le Sahara tunisien.

Une secte de déistes, née en Arabie à la suite de la défaite et de la dispersion des Wahhâbites par les armes du pacha d'Egypte Mohammed 'Alì, en 1833, transporta ses pénates à Masrâta, sur la côte de la Tripolitaine, où est encore le siège de l'ordre. Cette secte ou confrérie prit le nom de son fondateur Sìdi El-Madani (*Monseigneur le Médinois*). Ses doctrines ont une grande élévation ; elle prêche la tolérance la plus large, si bien qu'on pourrait se laisser aller à espérer de ses adeptes la rénovation, la réforme future de l'Islâm. Sìdi El-Madani a de nombreux serviteurs religieux dans la Tunisie, particulièrement dans le qâïdat de Soûsa. A en juger d'après la doctrine et la conduite de ceux qui l'adoptent, il ne paraîtrait pas que la France eût jamais rien à redouter d'eux.

Il n'en est pas tout à fait de même avec les frères de la confrérie de Sìdi 'Abd El-Qâder El-Djilàni, comme on l'appelle en Berbérie, ou El-Ghilâni comme on devrait le nommer, car

Sìdi 'Abd El-Qâder était originaire du Ghilàn, province persane sur le rivage de la mer Caspienne. La confrérie a son siège actuel à Baghdâd, où le fondateur mourut en 1156, mais tous les musulmans que séduit l'idéal du renoncement au monde, de la vie ascétique et de cette soumission *perinde ac cadaver* à la volonté du directeur de la conscience, qu'Ignace de Loyola, quatre siècles plus tard, exigea aussi de ses adeptes, se sont réfugiés dans le sein de cette confrérie. Sìdi 'Abd El-Qâder El-Ghilâni est le patron des pauvres et des affligés. Pourtant de très hauts personnages, parmi lesquels il suffit de citer un illustre mort, l'émìr 'Abd El-Qâder et, parmi les vivants, la famille princière des Oulâd Sìdi El-Mokhtâr de l'Azaouàd et de Timbouktou, ne dédaignent pas de rechercher le titre de membres de la Société religieuse dont il s'agit. Et si la conduite des membres de la famille des Oulâd Sìdi El-Mokhtâr vis-à-vis de plusieurs voyageurs chrétiens offre un beau modèle de tolérance, nous ne pouvons pas oublier que l'émir 'Abd El-Qâder et d'autres agitateurs se sont appuyés sur cette confrérie pour prêcher la guerre sainte en Algérie. Peu répandus dans

le reste de la Tunisie, les frères de Sìdi 'Abd
El-Qâder El-Ghilâni sont assez nombreux dans
la ville sainte de Qaïrouân.

Nous arrivons à la cinquième autorité religieuse, ou faculté de théologie, qui n'est plus
une confrérie dans le sens strict du mot, mais
bien quelque chose d'analogue à une de nos
anciennes abbayes mitrées, nous voulons parler de la zaouiya des Ouâd Sìdi Nâdji, famille
qui descend d'un des généraux du prophète
Mohammed, le khalife 'Othmân Ben 'Affân. Leur
zaouiya est située en Algérie, dans le Khanga
Sìdi Nâdji, une des vallées encaissées qui déchirent les flancs du Djebel Aourâs et du Djebel
Chechâr, et près de l'endroit où elle débouche
dans le Sahara. Ce sont de hauts et puissants
seigneurs que les Oulâd Sìdi Nâdji, et surtout
leur chef actuel Sìdi 'Abd El-Hafìd ! Leurs
clients et tributaires se trouvent répandus dans
le Djebel Chechâr et chez les Nemêmcha, en
Algérie, non moins que dans le Tell et le Sahara
tunisiens, et les pachas-beys de Tunis eux-
mêmes ne dédaignent pas de leur témoigner leur
haute sympathie en leur envoyant, de temps à
autre, de magnifiques présents. Jusqu'à ce jour,

les rapports entre les autorités françaises et les marabouts de la Khanga ont été rares, et plutôt bons que mauvais. Il ne faudrait pourtant pas en conclure, c'est du moins l'avis d'une personne bien informée (1), que les Oulàd Sìdi Nàdji fussent et demeurassent, en tout cas, absolument dévoués à notre cause.

Telles sont les cinq principales écoles religieuses qui se partagent la direction des esprits dévots dans la Tunisie, et qu'une politique prévoyante doit étudier ou même surveiller, quand il s'agit d'inaugurer en Afrique, avec nos voisins de l'est, une politique où la France affirme formellement sa volonté d'avoir la paix chez elle, et, pour cela, de faire elle-même, quand il le faut, la police dans l'État du bey (2).

(1) M. le docteur Reboud, médecin principal de la division de Constantine, auquel nous devons la communication d'un travail manuscrit fort intéressant sur les Oulàd Sìdi Nàdji.

(2) Ce chapitre a paru d'abord dans le *XIXᵉ Siècle*, numéro du 6 mai 1881. Une dépêche d'Alger du 28 mai annonce que des qàdi (juges) et autres personnages marquants de la province de Constantine viennent d'être arrêtés comme prévenus de faire partie d'une association religieuse secrète, qui avait des relations avec le gouvernement tunisien.

VI

ESQUISSE GÉOGRAPHIQUE ET STATISTIQUE : LES PARTIES NORD ET NORD-OUEST DU TELL TUNISIEN

Jusqu'ici nous avons essayé de donner des notions générales exactes sur le sol, les habitants, le gouvernement et la religion de la Tunisie. Entrons maintenant un peu plus dans les détails en prenant pour cadre les divisions administratives de ce pays. La ville de Tunis est un commencement obligé; nous passerons ensuite aux qâïdats du nord et à ceux du nord—ouest, où opère maintenant l'armée française, puis à ceux du centre et de l'est, et nous terminerons par les contrées de la Petite Syrte et du Sahara. Il ne saurait être question ici d'une description complète de chacune des parties de la Tunisie ; aussi chercherons—nous à ne toucher que les points de l'état moderne les plus intéressants à connaître de chaque circonscription.

Le gouvernorat de Tunis comprend la capitale, le Bardo et leur banlieue. Bâtie au fond d'une grande lagune, appelée El-Bahîra, et à 10 kilomètres dans l'ouest du chenal qui la fait communiquer avec la mer, Tunis se compose de quatre quartiers : la vieille ville ou la cité, qui occupe le centre, et qui est ceinte d'une muraille spéciale ; au nord, le faubourg de Bâb Es-Souìqa, dont l'étendue égale celle de la vieille ville, et dont un des quartiers, qui porte le nom de Hoù-met El-Andalous, est habité par les descendants des Maures chassés d'Espagne ; au sud, le faubourg de Bâb El-Djezìra, un peu moins grand que l'autre ; à l'est, sur les deux côtés de la route conduisant de Tunis à la lagune et à la mer, le nouveau faubourg ou quartier européen. Laissant ce quartier en dehors, une deuxième muraille englobe la vieille ville et les deux faubourgs de Bâb Es-Souìqa et Bâb El-Djezìra, et cette muraille est percée de sept portes : Bâb Bahar, dans l'enceinte de la vieille ville, côté est, conduisant à la mer, et dont le nom s'applique aussi au quartier européen ; Bâb 'Alìwa, dans le faubourg de Bâb El-Djezìra, côté est-sud-est ; Bâb El-Fellâh, dans le même faubourg, côté sud-est ;

Bâb El-Qorchâni, Bâb Sìdi Qâsem, dans le même faubourg, côté sud-ouest; Bâb Ahmed El-'Oloudj, dans le faubourg de Bâb Es-Souîqa, côté nord-ouest; et Bâb El-Khadrâ, dans le même faubourg, côté nord-est. La citadelle (*el-qaçba*), en mauvais état, est à l'extrémité ouest de l'enceinte de la vieille ville, par conséquent sur le point le plus éloigné de la mer, et le plus élevé. Près de la citadelle se trouve le palais des beys. Le consulat général de France s'élève sur le côté sud de la route de Tunis à la lagune, en face d'un très grand caravansérail, dans la partie du quartier européen qui touche à la ville musulmane. L'enceinte et la citadelle n'étaient armées en 1860, que de dix ou douze canons d'après M. V. Guérin. Pour compléter la revue des fortifications de Tunis, il faudrait citer quelques ouvrages extérieurs de défense, et c'est évidemment sur ce seul point que la position militaire de Tunis a pu être modifiée, si elle l'a été, en vue des éventualités présentes.

Parmi les principales mosquées et les autres édifices religieux les plus importants est la Djâma' El-Zitoûna (mosquée de l'olivier) qui, garantie par un mur élevé, est située dans la cité. C'est à la fois un temple et une université, où trente professeurs enseignent diverses sciences musulmanes, mais principalement la théologie, avec un succès qui ne se dément pas. La Djâma' Sìdi Ben El-'Aroûs, la plus belle de Tunis d'après les idées des habitants, se trouve aussi dans la vieille ville. Dans le faubourg de Bâb Es-Souîqa les deux temples musulmans les plus remarquables sont la Djâma' Çâheb El-Tàba', et la Djâma' Sìdi Mahrès, asile inviolable. Dans le faubourg de Bâb El-Djezîra, nous citerons la Djâma' Djedid, ou nouvelle mosquée, et, hors des murs de Tunis, deux couvents célèbres, la Zaouiya Sìdi Bel-Hasen El-Chadheli, celui-ci près de Bâb El-Djezîra, et la Zaouiya Lella Ma-noûbîya, celle-là près du lac, sont réunis entre eux par un mur crénelé, qui englobe aussi un petit fort appelé Bordj Ahmed Er-Raïs.

La population du gouvernorat de Tunis est évaluée à 140,000 âmes, dont 125,000 pour la capitale, et nous croyons utile de faire remarquer que, parmi les habitants de Tunis, les musulmans ne comptent guère que pour les deux tiers du chiffre total ; le reste se compose d'israélites (environ 20,000) et de chrétiens. La juridiction des consulats s'étend non seulement sur les véritables nationaux de chaque puissance, mais aussi sur certains indigènes, principalement des israélites, qui ont réclamé et obtenu sa protection. Trois puissances européennes occupent à Tunis une situation hors ligne sous ce rapport. La France a d'abord de nombreux nationaux chrétiens, qui représentent très dignement notre pays, puis de nombreux nationaux musulmans, humbles et honnêtes travailleurs venus du Sahara et du Tell algériens pour faire une petite fortune dans la luxueuse Tunis, et enfin, ses protégés indigènes. On nous permettra de citer un fait, sans doute peu connu de ceux qui n'ont pas vécu à Tunis, et qui nous paraît intéressant à publier en ce moment, parce qu'il jette une véritable lumière sur l'importance de la colonie algérienne dans cette capitale. Nous n'avons pas pu nous procurer le nombre de ses membres, mais deux cents maisons à peu près y sont occupées par des gens de la seule tribu des Oulâd Hâmed, de l'oasis algérienne du Soûf! C'est du moins ce que nous a affirmé un homme de cette tribu, qui avait passé toute sa jeunesse dans la capitale du royaume.

La quantité de Maltais qui habitent Tunis (il y en avait environ 5,000 en 1860) donne une certaine étendue à la juridiction du consulat général d'Angleterre; mais, si une situation dont nous avons été témoin sur un autre point de la Berbérie se reproduit aussi à Tunis, le consul général de France doit y exercer, sans le chercher, une influence directe sur les catholiques maltais, c'est-à-dire sur presque tous les administrés du consulat d'Angleterre. Les Italiens aussi occupent une grande place dans le tableau de la population européenne de Tunis; seulement l'Italie perd un peu, par la qualité de beaucoup de ses nationaux européens, l'avantage que lui donnerait leur nombre, et n'a pour ainsi dire pas de protégés musulmans, ni d'attaches anciennes et solides dans la population indigène.

Une église, un couvent de capucins, un couvent de sœurs et une école des frères de la doctrine chrétienne répondent aux besoins spirituels de la paroisse catholique.

Ajoutons que Tunis est, pour les musulmans du nord de l'Afrique (ceux du Maroc et de l'Égypte exceptés), la patrie du goût, des lettres arabes et de la mode, en un mot, une sorte de

Paris africain. Mais si, en dépit de cette belle renommée, on cherche quelle est la véritable valeur de ses habitants, on est bientôt forcé d'admettre que leurs prétentions et leur hâblerie, qui les ont eux-mêmes aveuglés, pèsent pour beaucoup dans la réputation factice dont ils jouissent au dehors, chez tous leurs coreligionnaires.

Cette réputation n'est plus méritée aujourd'hui que d'un seul côté. Tunis possède toujours des artisans, on peut dire aussi des artistes tels qu'on en chercherait vainement dans les autres grandes villes du nord de l'Afrique, y compris la population musulmane des villes de l'Algérie. Les produits brillants, fins, élégants de leur industrie viennent s'étaler dans de nombreux bazars affectés chacun à un corps de métier : le Soûq El-'Attârîn aux parfumeurs, le Soûq El-Çorra aux joailliers, le Soûq El-Irba aux fabricants de colliers, le Soûq El-Qouâfîya aux bonnetiers, le Soûq El-Chouâchîya, aux fabricants de fez, le Soûq El-Harîrîya aux marchands de soieries, le Soûq El-Bernoûsîya aux fabricants de burnous, le Soûq El-Tourk aux revendeurs de marchandises européennes, le Soûq El-Qebâdjîya aux couteliers, le Soûq El-Chaharîn aux ar-

muriers, etc. C'est sur ces marchés qu'on rencontre non seulement des représentants des
divers qâïdats de la Tunisie, mais encore des
Algériens du département de Constantine, et
principalement du Soûf, des habitants du Djebel
Nefoûsa, de Ghadâmès, de Rhât, etc. En un
mot des négociants venus de toutes les provinces
de l'ancien empire des Hafçides, qui sont restés
les tributaires du marché de sa capitale.

Au nord-est du gouvernorat de Tunis, on
entre dans le qâïdat de la Goulette (Halg El-
Ouâd ou El-Mersâ), qui a une population sédentaire de 16,000 âmes et une population nomade
de 4,000 âmes.

La Goulette, à 10 kilomètres et demi est-
nord-est de Tunis, et à l'entrée du lac El-Bahìra,
est le port de la capitale, où est ancrée la seule
frégate du bey. C'est une petite ville de trois
mille âmes; l'élément européen y domine. Une
longue ligne de batteries défend le port de la
Goulette, dont le qâïd est généralement le plus
haut dignitaire de la marine tunisienne. Le point
le plus intéressant de cette circonscription est
l'emplacement de Carthage, l'ancienne rivale

de Rome, dans les comptoirs de laquelle se réglaient les transactions commerciales de toute une partie de l'Afrique ; Carthage a vu dernièrement les géodésiens du Dépôt de la guerre de France venir rajeunir sa célébrité en y établissant une des stations astronomiques fondamentales, sur lesquelles s'appuient les magnifiques travaux de la géodésie d'Algérie, d'ores et déjà reliée à celle de la mère patrie.

La partie la plus septentrionale du royaume de Tunis forme le qâïdat de Benzert (ou Bizerte des Européens), ainsi nommé d'après son chef-lieu, qui est bâti au sud du cap Blanc, sur le canal faisant communiquer avec la mer un grand lac d'estuaire, la Guera'at Tindja, profonde de 9 à 11 mètres, qui forme le seul grand port naturel des côtes de la Tunisie et de l'Algérie. Benzert, siège d'un des quatre grands commandements militaires, est une ville de quatre ou cinq mille âmes, défendue par deux forts de construction massive, mais en assez mauvais état, dont l'un est appelé El-Qaçba, et l'autre El-Qoçeïba. Elle exporte les produits agricoles et, de l'avis des personnes compétentes, son importance commerciale serait susceptible d'un grand développement.

Ghâr El-Melh, ou Porto-Farina, sur le rivage nord du lac d'estuaire où se jette la Medjerda, est un autre port de ce qâïdat. Il n'a que 700 habitants musulmans, avec quelques familles d'israélites et de chrétiens, et il possède deux forts : Bordj El-Wostâni et Bordj Sîdi 'Alì El-Mekki, armés de plusieurs canons.

Sur la population totale du qâïdat de Benzert, 31,400 âmes, on compte 14,000 nomades dont 10,000 pour la seule tribu arabe des Terâbelsîya (et non Trabersi, comme sur toutes les cartes) qui, leur nom l'indique, sont probablement originaires de la Tripolitaine.

A l'est de ce canton, une autre tribu nomade, celle des Touâba, forte d'environ 4,000 âmes, a une administration distincte.

Avec le qâïdat de Mâter (ou Moukhtâr), qui touche au précédent à l'ouest, nous entrons dans la région montagneuse au nord du fleuve Medjerda, couverte de forêts de haute futaie et reliée par les montagnes des Khoumîr aux monta-

gnes du département de Constantine. On y
trouve aussi des lacs et des rivières, dont les
principales sont l'Ouâd Djoumîn et l'Ouâd Sedj-
nân. Enfin on y a signalé des mines de plomb
et de fer. La population totale de ce qâïdat est
21,800 âmes, y compris deux groupes nomades :
celui des Moqod (ou Mogod, subdivisés en Dje-
miât, Oulâd Sa'ïdàn, Sehadjân, Màliya, Sa'àbna,
Chitàna (*les diables*), Riâh (sans doute une fraction de la grande tribu du qâïdat d'El-Kâf),
El-'Akkâra (1) et Oulâd Maïi, ensemble 10,000
ou 15,000 âmes, et celui des Bàdjawa, 1,000
à 2,000 âmes. Mâter, le chef-lieu, à 32 kilomètres de Benzert et à 50 kilomètres de Tunis,
est une ville murée d'environ 3,500 habitants,
parmi lesquels beaucoup d'israélites et de Maltais.

Sur la frontière de l'Algérie, nous arrivons à
ce que le gouvernement tunisien affecte de considérer comme *son* qâïdat de Tabarqa ou de
Bordj Djedîd, désignation que l'Europe a trop

---

(1) A distinguer de la tribu de ce nom qui vit dans l'outan
d'El-'Aàrâd.

longtemps acceptée les yeux fermés. C'est de la part des beys une aberration calculée, qui fait le pendant à celle de la Sublime-Porte lorsqu'elle parle, aujourd'hui, de *sa* province de Tunis.

On appelle ce qäidat tantôt Tabarqa, d'après l'île de Tabarque, tantôt enfin Bordj Djedìd, d'après le fort que les Tunisiens ont élevé sur le continent, en face de cette île. Il comprend le pays des Khoumìr, confédération de tribus n'ayant jamais accepté le joug du gouvernement de Tunis, et dont le nom purement arabe (n'en déplaise à M. Lévy-Bing!) (1) a un sens : *le ferment, la gent en ferment*, qui peint bien l'état de la so—ciété chez les Khoumìr. Les montagnes qu'ils habitent sont couvertes, jusqu'à leurs cimes, de forêts de chênes-liège, et de chênes zéens. Entre les montagnes courent parallèlement à la côte, des vallées, dont les trois principales : l'Ouâd Kellenet, ou Zeïn, l'Ouâd Terfàs et l'Ouâd Kebìr renferment chacune une petite rivière allant à la mer. Sur les prairies de ces vallées, les Khoumìr, qui sont des nomades, mènent paître leurs troupeaux. Ils se divisent en quatre

(1) Voyez la *France* du 30 avril 1881.

tribus dont trois arabes: les Seloûl, les Meselma et les Chia'ïa, ensemble 9,400 fusils (1), et les Dedmaka, et mieux Tâdemakka (4,000 fusils) qui sont certainement des Berbères et qui, ayant moins d'aisance, paraissent être en quelque sorte dominés par les premiers. Malgré l'énorme distance qui les sépare, ces Tâdemakka sont, à n'en pas douter, des frères de la tribu des Kèl-Tâdemekket, tribu jadis très puissante, que nous voyons incorporée aujourd'hui dans la confédération des Touâreg Aouélimmiden sur les bords du Dhiôli-Ba, ou Niger. Les Khoumîr arabes, ou tout au moins les Seloûl, élèvent des prétentions à une origine sainte. Ils réclament pour leur aïeul le marabout Sîdi 'Alî Ben Djemel. En dépit de cette origine, oubliant que le Qorân prescrit implicitement aux musulmans de traiter en amis les chrétiens inoffensifs, les Khoumîr ont maltraité nos naufragés, attaqué les bateaux des corailleurs et fait des incursions sur le territoire algérien. Ils viennent

---

(1) Chiffres empruntés au journal *l'Avenir de l'Est*, de Soùq Ahraç, 1881. Peut-être sont-ils trop élevés? Un document officiel tunisien donne 8,300 âmes (dont 4,000 nomades) pour la population de tout le qâïdat de Tabarqa.

d'apprendre la distinction à faire entre le gouvernement de la République française et le
gouvernement des beys de Tunis.

Dans la première partie des temps modernes,
les Génois possédaient l'île de Tabarqa, qu'ils
vendirent, en 1768, à la Compagnie française
de La Calle. Celle-ci y fit la pêche du corail, et
un peu de commerce avec les Khoumîr, jusqu'en
1814, année où elle abandonna son établissement, sans renoncer à ses droits de propriété
sur Tabarqa et sur le cap Négro, à vingt-deux
kilomètres plus loin dans l'est, où elle avait un
autre établissement. La France a donc des droits
acquis sur ces deux points, et sa situation d'hé-
ritière des pachas d'Alger lui en donnait d'autres
qu'elle a négligé aussi de faire valoir.

De nombreuses tribus, dont on ignore la
force et parmi lesquelles nous ne citerons
que les Mâkena, les Nefza, les Oulâd Yahiya,
les Djelâdjela, les Oulâd Chehîda et les Hezîl,
bordent le territoire des Khoumîr à l'est et
au sud-est. On ne sait pas exactement si elles
font partie de la même confédération, ou à
quelle autre division politique il convient de
les rattacher. Il est vraisemblable que, pour

la plupart, elles relèvent des qâïdat de Mâter.

Au sud-est du pays des Khoumîr et au sud-ouest du qâïdat de Mâter, mais toujours dans la partie nord du bassin de la Medjerda, est le qâïdat de Bâdja, dont le recensement tunisien estime la population sédentaire à 5,500 âmes et la population nomade à 17,000 âmes. Par conséquent, à part le chef-lieu, il n'y a pour ainsi dire pas de centres d'habitation fixe. Le sol du qâïdat de Bâdja est pourtant d'une grande fécondité. Il n'est pas loin de la Méditerranée; par conséquent, les cultures y seraient aussi faciles et presque aussi lucratives que dans les meilleures parties de l'Algérie. A qui la faute, si ce n'est à un gouvernement calqué sur le modèle de celui de l'Algérie d'avant 1830, qui a donné naissance à ces deux dictons arabes, terribles dans leur naïveté populaire : « Quand Bâba Tourki (un fonctionnaire turc quelconque) se présente à l'entrée de la Metîdja, et tousse trois fois en caressant sa barbe, la plaine se fait un désert, » et : « Là où le cheval d'un Turc pose son sabot. l'herbe ne repousse plus jamais ! »

Bâdja (c'est à tort qu'on dit Béja), ville de quatre à cinq mille âmes, qui fait un grand commerce de grains, est située sur le flanc d'une colline, à treize kilomètres au nord de la Medjerda. Elle possède une citadelle, armée jadis de quatre mauvais canons, et un mur d'enceinte flanqué de tours formant un pentagone. Il y a une fontaine à l'intérieur des murs, mais l'eau en est réputée insalubre, et les habitants ne boivent que celle de leurs citernes. Les environs de Bâdja et la ville elle-même ne jouissent pas d'un très bon climat.

Trois principales tribus ou confédérations de tribus nomades vivent dans le qàïdat de Bâdja. Ce sont : les Raqba, les Derîd et les Oulâd Sîdi 'Abîd. Le territoire occupé par les Raqba est au sud et à l'est de celui des Khoumîr ; c'est là que sont dispersées les neuf fractions de cette grande tribu : Ouchtâta, Oulâd Sedîra, près de la frontière algérienne, entre le Djebel Ghorra et le Djebel Hiroug ; Merâzna, sur la frontière algérienne, au nord-ouest du Djebel Hiroûg, Oulâd 'Alî M'fedda, au sud-est du Djebel 'Adîsa ; Fezoûr, Benî Mazen, Oulâd Soultân, Hakim et Ghazouân. Ils touchent, au sud, au cours de la

Medjerda et à la station du chemin de fer de
Ghardimaou. On estime qu'ils peuvent mettre
sur pied dix mille combattants armés de fusils.

Bien que la puissante tribu berbère des Derîd
doive être mentionnée ici, il s'en faut de beaucoup qu'elle soit groupée tout entière dans le
qâïdat de Bâdja. On trouvera au contraire ses
quatre fractions disséminées dans presque toute
la partie nord de la Tunisie : les Oulâd Mâna,
près de Bâdja ; les Oulâd Djouïn, près de d'El-
Kâf ; les Oulâd 'Arfa, près de Sîdi 'Abd Er-Rebbi,
et les 'Arab, la seule division arabe de cette
grande tribu, dans les environs des ruines de
Dougga. Les Derîd donnent un total d'environ
quarante mille âmes.

Enfin, les Oulâd Sîdi 'Abîd, tribu arabe de
cinq mille âmes, au caractère paisible et religieux, paissent leurs troupeaux entre Bâdja et Medjerda. Nous avons rencontré un de leurs camps
dans les environs de l'oasis de Nafta, à 340 kilomètres de Bâdja, ce qui pouve les grands dé-
placements de cette tribu, dont plusieurs fractions
se sont même établies dans le Djerîd.

Au sud-ouest, le qâïdat de Bâdja confine au

qâidat d'El-Kâf (improprement appelé Kef), un des plus importants de la Tunisie, qui occupe presque toute la partie supérieure du bassin de la Medjerda et de son affluent sud l'Ouàd Me'alleg. Cette division administrative touche donc à l'Algérie, en même temps qu'elle s'étend dans l'intérieur du royaume. Elle a une population de 35,000 âmes, dont presque les deux tiers sont des nomades. La ville d'El-Kâf, chef-lieu du qâidat, et aujourd'hui occupée par une garnison française, était réputée la plus forte place de toute la Tunisie. Bâtie sur le versant d'une montagne rocheuse, l'ancienne *Sicca Veneria*, dont le nom latin s'est conservé dans les souvenirs des musulmans sous les formes de Châk Benâr et Châk Benàrìya, se présente comme un quadrilatère mesurant 400 mètres sur son plus grand côté. Une muraille flanquée de bastions, sur lesquels sont placées des bouches à feu, en marque le périmètre. Dans la partie nord de la ville, qui est aussi la plus haute, se trouve la citadelle et, tout à côté, un petit fort, construits, l'un et l'autre, en pierres de taille antiques, et dominés eux-mêmes par une esplanade dépourvue de for-

tifications. El–Kâf, en arabe, traduit notre sub-
stantif *le rocher* ; on vient de voir la justification
de ce nom dans le site même de la ville.

Quant à l'ancienne appellation, moitié phénicienne, moitié latine, elle rappelle qu'El–Kâf a
été jadis un grand marché où, à l'exemple de ce
qu'on voit maintenant ailleurs, par exemple à la
Mekke, on célébrait les mystères d'Astarté, la
Vénus phénicienne, en même temps que le culte
du dieu du commerce. La ville actuelle n'a plus
que 5,000 habitants, parmi lesquels sont 600
israélites. Un des quatre *kiahia* ou chefs de commandements militaires de la Tunisie y résidait
habituellement ; mais le 27 avril 1881 son autorité a passé aux mains d'un commandant supérieur français, M. le colonel de Coulanges.

Autant à l'époque romaine le territoire d'El–
Kâf était couvert de villes, de villages et de
fermes, autant les centres de population fixe y
sont rares aujourd'hui. A douze kilomètres dans
le nord–nord–est, il nous faut pourtant citer le
gros village de Neber. En revanche, de nombreuses tribus nomades, formant chacune un
qâïdat, vivent aux environs d'El–Kâf : ce sont
les Ferâchìch, les Oulâd Boû-Ghânim, les Oulâd

Ya'goûb, les Wartàn, les Oulâd 'Ayàr et enfin les Chàren et les Ràgha.

Par le nombre et leur caractère belliqueux, les Ferâchich sont une des plus fortes tribus de la Tunisie, mais elle se trouve divisée en deux au point de vue géographique : la plus faible moitié de la tribu (environ 3,500 âmes) campe près des Saouâsa, entre Qaïrouàn et El-Djem ; l'autre moitié, qui compte 12,000 âmes, campe dans le qàïdat d'El-Kàf, entre les ruines romaines de Djilma et Tebessa. Cette dernière comprend les Oulâd 'Ali, au sud de Haïdra, les Oulâd Wazàz, au sud-est de Tebessa, et les Oulâd Nàdji, autour de Qaçrìn, également dans le voisinage de la frontière algérienne. Les Ferâchich ont, comme brigands, une réputation bien établie.

Les Oulâd Boû-Ghânim, au sud-ouest d'El-Kâf, comptent 4,000 ou 6,000 âmes ; les Oulâd Ya'goûb, au sud, comptent aussi 4,000 ou 6,000 âmes ; la tribu berbère des Wartàn, a des établissements fixes au sud-est, près des ruines de *Thugga Therebinthina* et d'*Assuras* (Zanfoûr), et compte environ 5,000 âmes ; les Oulâd 'Ayar, à l'est des précédents, 5,000 âmes ; encore plus à l'est, une partie des Riàh, dont nous avons trouvé les frères dans les montagnes de la Sôda, en Fezzân, 3,000 âmes, et enfin les Chârea avec les Râgha, 3,000 âmes.

Au nord-est du qâïdat d'El-Kâf, et toujours dans la partie sud du bassin de la Medjerda, on passe dans le petit qâïdat de Teboursouq, dont la population atteint 13,000 habitants, parmi lesquels on compte 8,000 nomades. Deux affluents de la Medjerda, l'Ouâd Siliâna et l'Ouâd Khâled, arrosent cette circonscription, au sol très fertile, couvert de plantations d'oliviers. Son chef-lieu, Teboursouq, bâti sur la montagne, est une petite ville de 2,300 âmes, qui en avait jadis beaucoup plus, mais dont tous les voyageurs modernes s'accordent pour constater la décadence de plus en plus grande. Elle est ceinte d'une muraille délabrée, flanquée de tours. Non loin de là, à l'une des sources de l'Ouâd Tibar, dans le massif du Djebel Qorra, sont les mines de plomb de Djebba.

Aux environs de Teboursouq, deux tribus arabes nomades ont chacune une administration autonome et un qâïd. Ce sont les Ghorîb, forts de 2,000 âmes, et parents des Ghorîb du Nefzâwa (1), qui campent près du chef-lieu ; et les Oulâd 'Aoùn, forts de 10,000 âmes, sur le cours supérieur de la Siliàna.

Le qâïdat de Tastoùr touche au qâïdat de Teboursouq du côté de l'ouest ; les productions de l'un sont aussi celles de l'autre. Il a 16,000 habitants, dont 5,000 nomades régis par le chef de la circonscription. Elle a pris le nom de la petite ville de Tastoùr (2,500 âmes), située sur la rive sud de la Medjerda, à 17 kilomètres de Teboursouq, et peuplée par les descendants d'une colonie de Maures andalous qui ont conservé des qualités dignes de la civilisation de leurs ancêtres. Le chef-lieu du qâïdat est Medjàz El-Bâb, ville plus petite encore, car elle compte au plus 1,800 habitants, et bàtie, comme Tastoùr, sur la rive sud de la Medjerda. La ligne du chemin de fer de Tunis à Ghardimaou a une station, sur la rive opposée, en face de Medjàz El-Bàb.

En se rapprochant de la capitale le long de la Medjerda et de la voie ferrée, on entre dans le qâïdat de Tebourba dont la population est de

(1) Voyez au chapitre VIII, p. 115.

11,200 habitants, parmi lesquels 7,400 mènent une vie nomade. Son chef-lieu est la petite ville de Tebourba (environ 2,000 habitants), bâtie à trente kilomètres ouest de Tunis, sur la rive nord du fleuve et dans l'emplacement de l'antique *Thuburbo minus*. A Tebourba, on constate moins de signes de décadence que dans la plupart des villes que nous venons de passer en revue. C'est que nous retrouvons, là encore, une colonie de Maures andalous, appliquant leur industrie aux travaux d'agriculture et d'horticulture, et alimentant en fruits de toute espèce les marchés de Tunis. Le court trajet de Tebourba à Tunis se fait à travers la fertile plaine de Manoûba.

Quand on songe que les parties nord et nord-ouest de la Tunisie, dont nous venons de tracer une esquisse, sont situées, au point de vue du relief, de la nature du sol et de la distribution de la chaleur et des pluies, dans des conditions exactement semblables à celles qui favorisent les contrées les plus privilégiées de l'Algérie, il y a lieu d'être surpris en voyant le degré inférieur de civilisation, sinon la barbarie qui est le lot de ses habitants actuels. En temps ordinaire, jusque dans la partie inférieure du bassin de la Med-

jerda, il faut être armé jusqu'aux dents pour
aller d'une ville à l'autre et, partout, on trouve
des pâtres faisant broûter à leurs moutons l'herbe
qui pousse sur les ruines des villages, des fermes, des villas des anciens colons romains.
L'Arabe n'avait pas même à créer, à édifier; il
lui suffisait d'entretenir l'œuvre de ces maîtres
qu'il avait vaincus, à continuer d'ensemencer les
champs de ceux qu'il possédait. Cette tâche a été
au-dessus de lui, mais uniquement, croyons-
nous, parce que jamais il n'a pu prendre en
Tunisie, sous un gouvernement fort, intelligent
et juste, le développement que d'autres musulmans réalisèrent, en Espagne, sur une terre
européenne. Préoccupés et affaiblis au moyen
âge par de mesquines rivalités politiques et des
luttes dynastiques non sans analogie avec celles
qui agitaient à la même époque l'Europe féodale,
les Tunisiens ne les virent cesser que le jour où le
Turc vint leur imposer un joug écrasant. Et, nous
regrettons d'avoir à le constater après beaucoup
d'autres, nulle race n'est plus habile à épuiser en
pure perte les ressources d'un pays, nul gouvernement n'est moins apte à comprendre l'intérêt
vital qu'il a à maintenir l'ordre et la sécurité

parmi ses administrés, à dépenser une partie de ses revenus pour les travaux d'utilité publique, que celui dont le prototype se retrouve intact dans l'organisation politique actuelle des *alamán*, ou bandes de maraudeurs, chez les Turkmên de l'Asie centrale.

VII

ESQUISSE GÉOGRAPHIQUE ET STATISTIQUE (SUITE) : LA PARTIE
ORIENTALE DU TELL TUNISIEN

Il nous reste à parler de la partie orientale
du Tell tunisien, celle qui, sous la domination
romaine, formait la province d'Afrique proprement dite, l'*Africa (propria)*, et dont le nom,
passant dans la langue arabe sous les formes
d'Afrìqa, Frìga, a été étendu à toute la région
fertile, à tout le Tell de la Tunisie. C'est toujours
la même région naturelle ; la seule différence
entre la partie nord-ouest et la partie est réside
dans le caractère généralement plus plat de cette
dernière, que la mer baigne sur toute sa limite
orientale. Elle se divise en neuf circonscriptions
administratives : les *outan* ou qâïdats de Mohammedîya, Hammâm El-Enf, Selìmân, Sâhel,
Mistìr (ou Monastîr), El-Mahdìya, Sefâqès et
îles Qarqena, Qaïrouân et 'Oroûch Sanâdjaq.

Nous réunirons les deux petits districts de Mohammedìya et de Hammâm El–Enf, car il a fallu sans doute que la cour du Bardo eût bien besoin de conférer des dignités et des traitements pour diviser en deux cette partie du territoire. L'outan de Mohammedìya et Mornaqìya (tel est le nom complet) se trouve situé entre le gouvernorat de Tunis, au nord, et les montagnes qui délimitent le bassin de l'Ouàd Melìàn, au sud; il compte 7,000 habitants, dont 2,000 nomades. Le chef–lieu est le village ruiné et presque désert (300 habitants) de Mohammedìya, que traverse l'aqueduc amenant à Tunis les eaux du Djebel Zaghouàn, et où un bey de Tunis eut la fantaisie de construire un palais, bientôt négligé et dépouillé de tous ses ornements. Zaghouân, petite ville du même qàìdat, à 41 kilomètres sud de la capitale, est beaucoup plus importante que Mohammedìya, car elle a 2,500 habitants musulmans, issus des Maures d'Andalousie, et 400 israélites. Placée sur une colline au nord du Djebel Zaghouàn, qui dresse son plus haut sommet à 1,360 mètres au–dessus de la mer, elle est dans un site délicieux, arrosée, ainsi que les vergers qui l'entourent, par de frais ruisseaux

qui descendent de la montagne. Mais Zaghouân
est mal construite. L'industrie des proscrits de
Grenade y rappelle seule encore la haute civilisation de leurs ancêtres ; ils y excellent dans la
teinturerie, et les célèbres *châchîya* ou calottes
rouges de Tunis passent par les mains des teintu-
riers de Zaghouân. Dans cette circonscription,
autour du Djebel Zaghouân, vivent deux tribus
nomades, les Chilîn et les Raçfâna, fortes de
4,000 âmes, qui forment ensemble un qâïdat
séparé.

A l'est de l'outan de Mohammedîya et Morna-
qîya, sur le littoral, commence l'outan de Hammân El-Enf (*les bains du nez*), dont la population
n'est que de 3,000 habitants, parmi lesquels on
compte encore 1,000 nomades. Son chef-lieu, le
village de Hammân El-Enf, à 14,500 mètres est-
sud-est de Tunis, est un simple groupe de maisons
à côté de sources thermales, salines et ferrugi-
neuses, renommées pour leurs vertus curatives
des affections cutanées. La population de ce
petit endroit n'est que de 500 habitants, et pourtant on y trouve un *dâr el-bey*, un palais du bey.

L'outan de Selìmân, qui couvre le grand promontoire finissant au cap Bon, est de beaucoup
plus important comme étendue. Il est fertile,
produit des grains, des olives, des oranges, des
citrons, des figues, et renferme d'autres éléments
de richesse, jusqu'à des mines de plomb dans le
Djebel Er-Reçaç ; ne demandez pas pourquoi il
n'est pas plus prospère ! La peste l'a ravagé
en 1816, cela est vrai, mais tous les voyageurs
qui l'ont visité ont mis le doigt sur le véritable
fléau, les exactions, bien autrement terribles
que la peste, parce qu'elles ruinent le pays sans
trêve ni merci. On y compte pourtant encore
34,000 habitants, dont 13,000 nomades. Le chef-
lieu, Selimân, est situé dans l'intérieur des terres,
à 29 kilomètres est de Tunis. Il est peuplé par des
Maures d'Andalousie, au nombre d'environ
2,000. Des plantations d'oliviers, qui disputent
le terrain à des fourrés de broussailles, séparent
Selìmân d'autres centres plus ou moins peuplés. C'est Qalibîya, au sud du cap, 2,500 âmes;
Hammâm Qorbès, petite ville d'eaux, 3,000
âmes ; Hammâmât, petit port de 2,000 âmes sur
la côte sud ; Nàbel, ville de 4,800 âmes dans la
partie sud du promontoire, à l'est de Hammâ-

mât, et à 2 kilomètres de la mer, etc. Sise « dans
une oasis odorante de verdure », Nâbel a rem-
placé une *Neapolis*, et en a conservé le nom.
Elle a un autre point de contact avec la Naples
italienne de la Renaissance, c'est d'être aujour-
d'hui ce que fut sa sœur, une ville de plaisirs et
de mœurs faciles.

En suivant toujours la côte dans la direction
sud on entre dans l'outan de Sâhel et Soûsa.
Sâhel est un mot arabe que nous traduirions in-
différemment par côte et par littoral, et qui transformé en nom propre s'applique, en Tunisie, à
toute la côte, au moins jusqu'au port de Séfàqès
et, dans une acception plus restreinte, au qàidat
de Soûsa. Mais partout, de Hàmmàmàt à Sefàqès,
les caractères de la contrée sont les mêmes. C'est
toujours un sol pierreux léger, présentant
tantôt des ondulations de collines basses, tantôt
des plateaux couverts de plantations d'oliviers
rabougris ou de cultures de blé et d'orge. L'outan ou qàïdat de Sâhel et Soûsa a 52,000 habitants, parmi lesquels 7,000 seulement sont nomades. Il a pour chef-lieu la ville maritime de
Soûsa (7,000 âmes) qui, bâtie sur une colline au

bord de la mer, est entourée d'une muraille percée de trois portes, Bâb El-Bâhar, Bâb El-Djedîd et Bâb El-Gharb. L'enceinte, munie de tours, est peu solide, et les autres fortifications de la ville sont dans des conditions analogues. Un jour de fête M. Pélissier, consul de France à Soûsa, vit une partie de la muraille d'enceinte s'écrouler par la seule commotion que produisit la décharge d'une batterie voisine. Il existe dans le quartier sud, le plus élevé de la ville, une *qaçba*, ou citadelle ; un château dans le quartier nord, et un autre château, en meilleur état, sur la plage, le Qaçar El-Bahar, complètent sa défense. Autrefois ces châteaux et les batteries des fortifications étaient armés de quatre-vingt-cinq canons, plutôt mauvais que bons.

Le port de l'antique *Hadrumetum*, que Soûsa a remplacée, est tellement ensablé que le cothon des flottes carthaginoises où, paraît-il, l'émîr Bâdis Ben Mançoûr pouvait encore à la fin du dixième siècle passer la revue de ses vaisseaux, est maintenant transformé en une esplanade. Un observateur superficiel douterait que ce port ait jamais existé, et, de fait, les navires sont forcés de mouiller sur rade. Soûsa possède plusieurs marchés bien approvisionnés, douze mosquées et une synagogue. Elle a une population juive d'environ un millier d'âmes et une colonie chrétienne qui compte plusieurs centaines d'individus, principalement des Maltais et des Italiens. Ces étrangers ont été attirés par le commerce de l'huile d'olives, qui est assez considérable à Soûsa, car il donne lieu à des exportations pour une valeur de six millions par an.

Parmi les centres les plus importants du district, après le chef-lieu, il faut citer : Hergla (*Heraclea*), petit port de 1,500 habitants à vingt-quatre kilomètres au nord de Soûsa ; Mesâken, ville de 10,000 âmes à onze kilomètres dans le sud-ouest ; Djemâl, ville de 6,000 âmes, à vingt-six kilomètres au sud-est ; Qala'a Kebira, ville de 7,000 âmes, à treize kilomètres au nord-ouest.

Au nord de Hergla vit une tribu arabe de 6,000 âmes, pouvant monter cinq cents cavaliers, celles des Oulâd Sa'îd Ben Wa'ar, qui forme à elle seule un qâidat.

L'outan de Monastîr, ou Mistîr, fait suite à celui de Sâhel et Soûsa du côté sud. Il a 41,000 habitants, parmi lesquels sont 4,600 Arabes no-

mades administrés par le qàïd. Cette circonscription possède de nombreux villages, mais une
seule ville, celle de Monastîr, chef-lieu de l'outan, avec une population de 6,000 à 8,000 âmes,
apparemment en décroissance, car un voyageur
qui est habituellement un bon informateur (1),
lui en attribuait de 10,000 à 12,000 il y a seulement trente-cinq ans. La configuration de la côte
a préparé à Monastîr un port que le gouvernement tunisien s'est bien gardé d'améliorer par
des travaux d'aucune espèce. La ville est défendue par une muraille d'enceinte crénelée, flanquée de tours et percée de cinq portes, par une
citadelle, armée de trente canons, qui commande
le rivage et qui s'élève dans l'angle nord-est de
l'enceinte. En outre deux châteaux forts,
Bordj El-Kebîr et Bordj Sîdi Mançoûr, et
plusieurs batteries protègent le mouillage. On
compte à Monastîr treize mosquées et pas moins
de huit zaouiya, sans parler des écoles laïques. Eu
égard à l'importance de la ville, ces chiffres
trahissent une préoccupation plus qu'ordinaire
des choses de la religion ; ils justifieraient presque
l'explication qu'on a donnée du nom roman de

(1) H. Barth.

Monastìr, qui fut sans doute un de ces couvents fortifiés que les musulmans élevaient sur les limites du territoire où ils commandaient et qui n'a jamais été un monastère chrétien. Aujourd'hui même, très peu d'Européens y sont fixés. Située au bord de la mer et dans un canton couvert de plantations d'oliviers, Monastìr voit ses habitants partagés entre deux industries principales : la pêche du thon et la fabrication de l'huile, qui alimentent son commerce d'exportation.

Outre le chef-lieu, on doit encore mentionner les deux principaux bourgs situés dans l'intérieur des terres, aux environs du cap Dimas : Teboulba (2,500 ou même 4,000 âmes) et Boqalta (2,000).

Plus au sud commence l'outan d'El-Mahdìya, qui compte 22,000 habitants, dont 5,000 nomades, et qui, comme la circonscription précédente, n'a qu'une seule ville, son chef-lieu, El-Mahdìya, appelée aussi Afriqa, et construite sur le cap de ce dernier nom. Ses murailles, autrefois très solides, sont maintenant ouvertes par de nombreuses brèches qu'y ont fait, au moyen de la

mine, les Espagnols en 1551. Elle a une forme
ovale et M. Victor Guérin évalue sa circonfé-
rence à quatre kilomètres. Un fort, ou bordj,
défend la porte d'entrée sur l'isthme qui relie le
cap au continent, mais ses canons en fer sont
rouillés et probablement hors d'usage. La population de la ville proprement dite d'El-Mahdìya
était, en 1860, de 3,500 âmes, d'après M. Victor
Guérin ; la liste officielle tunisienne change ce
chiffre en 9,000 âmes, valeur qui paraît exagé-
rée, même si l'on admet qu'elle englobe la population des vastes faubourgs. Il y a à El-Mahdìya
180 Européens, principalement des Maltais, et
des Italiens, avec quelques Français.

En continuant à longer la côte on entre dans
l'outan de Sefàqès, peuplé de 24,000 habitants,
parmi lesquels 9,000 nomades, formant plusieurs tribus dont celle des marabouts 'Aqàreba,
descendants du marabout Sìdi El-'Aqàreb. Les
terres de cette circonscription sont peut-être
moins fertiles que celles des précédentes, mais le
travail des Sefàqsìqa (c'est ainsi qu'on désigne
les habitants) a remédié en grande partie à l'in-
fériorité du sol.

La ville de Sefâqès, l'une des plus importantes de la Tunisie, est aussi une de celles qui
est le moins marquée de décadence. Elle se divise en deux centres, défendus chacun par une
muraille en pierre. La ville haute, habitée par
les musulmans, a un mur de défense crénelé,
flanqué de tours rondes ou carrées. Cette enceinte a deux portes, dont l'une s'ouvre du côté
sud, sur la ville basse, et l'autre donne accès dans
la campagne, du côté nord. La qaçba, solidement
bâtie dans le style des châteaux forts à tours du
moyen âge, est couverte en tuiles; son état d'en-
tretien laisse à désirer. Elle est armée de vieux
canons encore bons. La population de la ville
musulmane monte à 7,000 ou 10,000 âmes (1).
Celle-ci se distingue par son industrie et son
activité, peut-être aussi par un fanatisme plus
accentué que ce qu'on observe chez les habitants
des autres villes de la Tunisie, et il serait intéressant de rechercher si ce fanatisme ne dépend
pas d'un schisme ou d'une confrérie musulmane

(1) Anciennes données officielles tunisiennes. Le correspondant
du journal *La France* pendant la campagne de 1881 en Tunisie
donne un chiffre de 25,000 âmes, dont 3,500 israélites et 1,500
européens. Si ces dernières données sont exactes il faudrait modi-
fier aussi le chiffre de la population de l'outan.

auxquels les Sefâqsîya auraient accordé leurs préférences. Par le costume et par leur caractère ceux—ci forment d'ailleurs en Tunisie un petit peuple tout à fait à part. Cinq mosquées, trois collèges, plusieurs zaouiya ou couvents musulmans et, chose bien rare dans ces contrées, un hôpital fondé par l'initiative des habitants, sont bâtis dans la ville haute et répondent aux besoins spirituels et temporels de la petite communauté.

On descend par une pente douce de la ville musulmane dans la ville juive et franque qui, défendue par une muraille moins solide, est construite dans un endroit bas et marécageux. On y compte 800 chrétiens, tant Maltais, qu'Italiens et Français, et 1,200 israélites, qui ont une synagogue. La ville basse a trois portes et, comme la ville haute, elle ne consomme que de l'eau de pluie. De nombreuses citernes, dont la plus grande, appelée El—Naçrîya, est une sorte de réservoir central, préviennent la disette d'eau.

Une ceinture de jardins, large d'au moins 7 kilomètres, entoure Sefâqès; au delà commence une zone sableuse et inculte. Dans chaque jardin on voit une tour carrée, qui permet au propriétaire de défendre ses récoltes d'olives, de pistaches, de figues, d'amandes et de dattes, en cas d'attaque de la part des nomades maraudeurs.

Sefâqès possède un bazar plus beau que ceux de la capitale, et divisé en plusieurs marchés : Soûq El–'Attârìn (marché à la parfumerie), Soûq El-Belrhadjîya (marché aux chaussures), Soûq El–Haddâdin (marché à la ferronnerie) etc., qui sont le théâtre d'échanges importants. D'une part elle exporte les produits de ses vergers : huile d'olives, figues, raisins secs, pistaches, cumin, amandes, etc., et surtout les éponges que ses marins pêchent sur la côte, et des poissons secs; d'autre part elle importe et réexporte les laines et les cuirs des tribus nomades, les dattes et les fines étoffes de laine du Djerîd, mais une mesure fiscale draconienne, prise il y a douze ou quinze ans par le gouvernement tunisien, a tué son commerce. La vente des dattes a été frappée d'un impôt de 166 pour 100 et celle de la laine d'un impôt de 100 pour 100 *ad valorem*.

Sefâqès a une rade sûre, mais si peu profonde, que tous les navires un peu forts doivent mouiller au large. Deux batteries défendent cette rade, où la marée est très sensible.

S'il fallait résumer en une phrase l'impression

que laissent les rapports des voyageurs sur Sefàqès, nous n'hésiterions pas à dire que, grâce
aux qualités de ses habitants, ce centre a un
avenir.

En dehors du chef-lieu il n'y a qu'un bourg
qui mérite d'être mentionné, le bourg maritime
de Mahrez, à 39 kilomètres de Sefàqès. Mahrez
a 700 habitants occupés en majeure partie à des
ouvrages de vannerie. ·

Trois grandes tribus arabes, ayant chacune un
qâïd et une administration spéciale, vivent autour du territoire de Sefàqès : ce sont les Methâlith, les Nefàth et les Mehâdeba. Les Oulâd 'Amer,
qu'il faut peut-être ranger dans un de ces groupes, accusent d'excellentes dispositions pour la
nation française.

Les Methâlith, tribu arabe très nombreuse,
car elle compte 15,000 à 20,000 âmes, mais qui
ne se distingue pas par des qualités militaires,
occupe le pays au nord du Sefàqès jusque dans
les environs d'El-Djem. Elle se subdivise en six
fractions : les Oulâd Merâh, les Oulâd Merâya, les
Oulâd Sa'ïd, les Oulâd Balàta, les Oulâd Naçer
et les Oulâd Nadjem.

Les Nefàth, autre tribu arabe de 4,000 à

8,000 âmes, campe dans les vallées de l'Ouâd
Draham, de l'Ouâd Souïnîya et de l'Ouâd Tar-
fàwi, et près de Henchîr Sa'ïda, c'est-à-dire au
nord et au sud-ouest de Sefàqès.

Enfin les Mehâdeba, pacifiques descendants
d'un marabout célèbre, appelé Sìdi El-Mahedeb,
vivent encore plus loin dans le sud-ouest, près
de 'Aïn El-Kelb. Leurs migrations les entraînent
jusque sur le territoire de Gâbès. Ils compteraient
6,600 âmes environ.

A l'est, les îles Qerqena (ou Qarqenna),
séparées du continent par un détroit large et
très peu profond, forment une dépendance de
l'outan de Sefàqès, administrée par un khalîfa ;
Leur sol très fertile produit des dattes de
qualité inférieure et des grains, tandis que
la mer qui les environne nourrit des éponges
et des polypes comestibles, qui font l'objet
d'une pêche lucrative. Elles sont peuplées
de 6,000 à 7,000 habitants (le document officiel
de 1868 donne même 10,000 âmes), qui partagent
leurs travaux entre la culture, la pêche, qui est
très abondante, et la construction des felouques.
La plus petite des deux îles appelée Djezîret El-
Gharbî, parce qu'elle est à l'ouest, possède un

seul village, Mellîta ; la plus grande et la plus
éloignée du continent, appelée Djezìret El—
Charqî, en possède neuf, qui sont Charqî, El—
'Atâya, 'Abbâs, Kellebîn, Oulâd Boû—'Alî, Ou—
lâd Yânek, Oulâd Qâsem, Ramla et un autre
Mellîta, sans compter un château, autrefois des—
tiné à défendre l'île.

L'outan ou qâidat de Qaïrouân et 'Oroûch
Sanâdjaq s'étend dans l'intérieur des terres, à
l'ouest des outan de Soûsa, Monastîr et El—Mah—
dîya. Il a une population de 22,000 habitants,
parmi lesquels 12,000 sont des nomades ; ces
derniers sont compris sous la désignation de
'Oroûch Sanâdjaq, « tribus des bannières »,
c'est-à-dire tribus astreintes à un service militaire
régulier, dans le genre des zemâla de spahis
en Algérie.

Cette division administrative, dont les limites
précises sont inconnues, tire son nom de Qaï—
rouân, la ville du royaume la plus considérable
après la capitale, et qui est considérée par les
Tunisiens comme une ville sainte en raison de sa
fondation, entre les années 670 et 675, par Sîdi
'Oqba Ibn Nâfa', un des généraux du khalife

Mo'awîya, et le conquérant musulman de la Berbérie chrétienne. Qaïrouàn, chef-lieu d'un commandement militaire, est bâtie en plaine sur un
terrain incliné du nord au sud, au nord-ouest de
la grande Sebkha Sìdi El-Hâni, où l'on fait des
exploitations de sel. La tradition veut que le site
qu'elle occupe ait été jadis couvert d'une forêt
ou tout au moins de fourrés de broussailles. Elle
est entourée d'une muraille crénelée, avec des
bastions et des batteries qui dessinent un hexa-
gone de 2,400 mètres de périmètre d'après
M. Pélissier. La muraille d'enceinte comme les
maisons, qui ont plusieurs étages, sont assez bien
construites. Elles sont mieux entretenues et les
rues sont beaucoup plus propres que dans les
autres grandes villes de la Tunisie. Qaïrouàn a une
population de 12,000 âmes, qui ne consomme que
de l'eau de pluies, recueillie dans des citernes.

Les mosquées naturellement sont nombreuses.
Celle appelée Djâma' El-Kebîr (grande mosquée) a sa voûte soutenue au moyen de quatre
cents colonnes. La Djâma' Ez-Zitoùna rappelle,
par son nom au moins, celle de Tunis ; une mosquée neuve, Djâma' Sìdi 'Abâda, est en même
temps une des plus belles ; la Djâma' Boû Açàç

Bibân, construite dans la partie sud de la ville, est petite, mais fort jolie; enfin une autre mosquée, datant du moyen âge, dépend de la Zaouiya Sìdi 'Abd El-Qâder El- Ghilâni, école renommée, dont la direction est entre les mains de la confrérie religieuse de ce nom. Mais la mosquée la plus célèbre, la Djâma' Sìdi Eç-Çahab, est *extra muros;* celle-ci doit sa renommée à deux faits d'une nature toute spéciale : elle renferme la tombe de la barbe du prophète Mohammed, et la tombe d'un de ses compagnons, Sìdi El-'Owaïb. C'est là l'explication de son nom *Mosquée de monseigneur le compagnon.*

D'autres zaouiya existent autour de Qaïrouân : ce sont celles de Sìdi Ferath, Sìdi Ahmed El-Galâni et Sìdi 'Alì Ben Sâlem. Mais nous ne nommons que les principaux édifices religieux de cette ville, car les mosquées y sont au nombre de vingt-six et les zaouiya au nombre de cinquante-cinq!

Malgré l'atmosphère de bigoterie, bien naturelle dans un lieu aussi saint, bigoterie qui se traduit d'ailleurs par une fleur de fanatisme rendant l'entrée de Qaïrouân difficile aux voyageurs chrétiens, il s'y produit un phénomène qui ne surprendra pas ceux qui connaissent la chronique

scandaleuse de la Rome papale au commencement des temps modernes, et de la Mekke de
toutes les époques ; les mœurs y sont relâchées,
à ce point que le plus grand nombre des dan-
seuses qui charment les musulmans de Tunis
ont vu le jour sur le sol sacré où repose la barbe
de Mohammed.

Cette ville fabrique des selles, brodées en fils
d'or et d'argent, et de la maroquinerie très
recherchées, des lavabo en cuivre repoussé d'un
beau travail et de véritable huile de roses, qui
font l'objet d'un commerce d'exportation ; elle
importe des cuirs, du cuivre, de la potasse et du
salpêtre, et elle possède plusieurs bazars où sont
mis en vente ces divers produits.

Le qàïdàt de Qairouân ne possède pas d'autres agglomérations fixes de population. Mais il
est le séjour de plusieurs tribus arabes nomades, qui dépendent de la circonscription, entre
autres les Gouâsem (300 à 400 âmes), tribu religieuse qui campe autour du sanctuaire de son
ancêtre, la zaouiya Sìdi El-Hâdj Qàsem, et les
Oulâd Sìdi El-Hâni. Les Oulâd Sìdi El-Hâni
sont des marabouts descendants du saint d'après
lequel a été nommé la sebkha (le lac salé) de

Qaïrouân ; leur centre est la zaouiya Sîdi El-Hâni, qui a donné son nom à la sebkha. — En dehors des nomades dont nous venons de parler plusieurs grandes tribus, ayant leurs propres qâïd, vivent sur les confins du territoire de cette circonscription.

De ces tribus, les Djelâç, appelés vulgairement Zelâç, ou Zelâs, et qui passent pour former l'une des plus importantes, sont d'origine berbère. On les trouve au sud-est, au sud et à l'ouest de Qaïrouân ; ils comptent plus de 27,000 âmes, réparties entre les quatre fractions de leur tribu, qui sont : les Sendâsìn, au nombre de 12,000 ou 14,000 près de 'Aïn Beïda ; les Oulâd Iddir, de 6,000 à 7,000, sur le chemin de Qaïrouân à El-Djem ; les Oulâd Khalîfa, sur les côtés sud et est du Djebel Touîla, et enfin les Ka'oûb Ou-Qouazìn, près du Djebel Ousselât, comptent ensemble 7,000 ou 8,000 individus. Les Djelâç, qui peuvent monter jusqu'à 3,000 cavaliers, sont réputés être tous des voleurs et des brigands et, parmi eux, les Oulâd Khalîfa sont les plus belliqueux. En 1847, ils formaient trois qâïdats, les Oulâd Khalîfa et les Ka'oûb Ou-Qouazìn ayant un seul et même chef.

Autour de la Sebkha Sìdi El–Hâni, vivent les Sawâsa, ou Souâsa, tribu guerrière, au caractère indépendant, forte d'environ 4,500 âmes, qui n'a qu'un seul qâïd et qui est subdivisée en plusieurs fractions, dont les Oulâd Moûsâ, qui campent à l'est, et les Oulâd 'Amer à l'ouest du lac salé.

Au nord–est de Qaïrouân, on trouve une autre tribu, ayant aussi son propre qâïd, les Oulâd Yahiya, comptant 3,000 âmes environ, et campant généralement au nord du lieu dit Kisra.

La dernière tribu à mentionner ici est une des plus nombreuses. Nous voulons parler de Mâdjer, dont les terres de parcours s'étendent à l'ouest et au sud–ouest du chef-lieu, principalement entre les ruines romaines de Hâdjeb El–'Ayoûn et l'Ouâd El–Fekka, et autour des ruines de Sufes (aujourd'hui Sebìba) et Sufetula (aujourd'hui Sebeïtela). Les Mâdjer, divisés en Oulâd Manna, Chektema et Mâdjer El–Fehad, sont au nombre d'à peu près 8,000.

VIII

ESQUISSE GÉOGRAPHIQUE ET STATISTIQUE (FIN) : LE SAHARA
TUNISIEN ET L'ÎLE DE DJERBA

Le Sahara tunisien comprend aujourd'hui
quatre divisions administratives : l'outan de
Gafça et l'outan du Djerîd (1), représentant
l'ancienne province de Qastîlîya, au nord de la
sebkha Fira'oûn ou chott El-Djerîd, avec le Nefzâwa, qui forme, au sud de ce chott, une dépendance de l'outan du Djerîd ; l'outan d'El-'Aârâd,
sur la petite Syrte, à l'est du chott, et enfin l'île
de Djerba. Si, déjà dans le Tell tunisien, les limites des outan sont incertaines, à plus forte raison
les limites des circonscriptions du Sahara tunisien prêtent-elles à la discussion. Et nous ne
parlons pas seulement ici de celles qui forment
les frontières du royaume, mais bien de celles

(1) En 1860 l'outan actuel du Djerîd se divisait en deux districts, l'un comprenant l'oasis d'El-Oudiân, l'autre les oasis de
Nafta, Tôzer, etc. Nous conserverons l'ancienne division.

même qui se trouvent à l'intérieur de l'État.

Peut-être le lecteur sera-t-il tout d'abord surpris de nous voir nous étendre sur la partie du royaume de Tunis comprise dans le Sahara ; nous avons confiance que l'intérêt qu'offre cette région au point de vue général et au point de vue français justifie ces développements.

L'outan de Gafça, qui comprend aussi une partie de la tribu des Hamâmma, est à cheval sur le Tell et le Sahara. Au nord, il commence à des montagnes qui sont le prolongement du Djebel Oumm El-Dhebbân ; au sud, il finit au Djebel Tarfâoui. La frontière de l'Algérie marque sa limite occidentale, tandis que du côté de l'est il paraît se fondre insensiblement dans les territoires d'El-'Aârâd. Une rivière principale, l'Ouâd Beyâch, ou Ouâd Tarfâoui, qui se perd dans le Chott El-Gharsa, le traverse dans toute sa partie occidentale du nord au sud, mais le climat de cette partie de la Tunisie est déjà purement désertique ; les cultures n'y sont guère possibles que dans les oasis, et les vastes espaces qui séparent entre eux ces points privilégiés n'offrent guère d'autres ressources que celles de

leurs maigres pâturages. Sa population sédentaire est de 14,400 âmes d'après le recensement
tunisien.

Gafça, l'antique colonie romaine et ville épis-
copale de Capsa, en est le chef-lieu. Cette ville,
construite sur un plateau, dans une anse formée
par les montagnes du Djebel Benî Yoûnès, qui
la dominent à deux kilomètres, est sur la rive
ouest de l'Ouâd Beyâch. On y remarque quelques monuments. Tout d'abord une vaste citadelle (el-qaçba) carrée consistant en plusieurs
corps de bâtîments entourés de hautes murailles
flanquées de tours et construites en matériaux
antiques, et qui renferment des sources et deux
mosquées. La forteresse est armée de neuf canons.
L'enceinte de la ville était autrefois marquée par
une muraille de défense, actuellement très délabrée. Les maisons de Gafça, presque toujours à
un étage, n'offrent rien de beau, mais elles sont
spacieuses ; les mosquées elles-mêmes, qui sont
au nombre de cinq à six, attestent que les architectes n'ont pas visé à l'effet. Une seule, la
Djâma' El-Kebîr, en qualité de mosquée parois-
siale, possède un minaret ; on connaît les noms
de deux autres temples : la Djâma' Sîdi Man-

çoùr et la Djâma' Sìdi Baddàcha. Comme dans toutes les grandes villes de la Tunisie, il y a ici un palais du bey (Dàr El-Beï), et la famille de Si 'Alì Es-Sàsi, qàïd de Nafta, possède une belle maison à Gafça. Mais les constructions les plus intéressantes sont les piscines romaines entourées de cellules, qui servent de bains chauds aux habitants. On trouve une de ces piscines dans la citadelle ; trois autres dans la ville. Ces trois dernières sont contiguës, et bâties de manière que la même eau thermale les alimente successivement en entrant dans le Termîl El-Beï (*les thermes du Bey*), pour passer dans le Termîl Er-Redjàl (*les thermes des hommes*) et enfin dans le Termîl En-Nesâ (*les thermes des femmes*). Nous avons mesuré la température de l'eau aux thermes des hommes et l'avons trouvée de 29° (thermomètre centigrade). La population de Gafça peut être évaluée de 3,800 à 5,000 âmes, dont 800 israélites, qui jouissent en général d'une grande aisance. Les israélites poursuivent ici les mêmes occupations que dans le reste de la Tunisie ; quant aux musulmans, ils partagent leurs travaux entre la culture de leur magnifique oasis et la fabrication des burnous de laine fine, et les fameux haïks (1) en tissus transparents de laine et de soie, qui sont sans rivaux dans la Berbérie et le Sahara, et qu'on voit recherchés jusque par les souverains de la Nigritie. Une belle oasis, d'environ 270 hectares, s'étend au sud de Gafça, sur les deux rives de l'Ouâd Beyâch. Dérivées dans des canaux, les eaux des sources thermales et celles de la rivière arrivent arroser chaque pied de dattier, d'olivier, d'oranger, etc., et chaque carré de cultures maraîchères.

A 53 kilomètres dans le nord-nord-ouest de Gafça et aussi sur la rive ouest de l'Ouâd Beyâch, appelée ici Ouâd Boû Hâya, on trouve l'oasis de Feriâna, avec deux hameaux distincts peuplés de 600 habitants. Ses jardins sont plantés de dattiers, de figuiers, de grenadiers et d'orangers, sans parler des petits champs de blé et d'orge. Feriâna est considérée comme une zaouiya (ou couvent musulman) ; les nomades qui font paître leurs troupeaux dans les environs appartiennent à une tribu au caractère religieux, les Oudâd Sîdi 'Abîd.

---

(1) Le haïk est un grand voile dans lequel se drapent, par-dessus leur premier vêtement, les hommes aussi bien que les femmes de la classe aisée.

Près de Feriâna, il y a un village appelé El-Kîs ; près de Gafça, les hameaux sont plus nombreux : Sìdi Mançoûr, sur l'Ouâd Beyâch ; puis au sud-est, Kessar et Lâla, à moins de quatre kilomètres, et plus loin, dans la même direction, perchés sur le flanc des montagnes : Belad Sìdi El-'Amâmi (c'est-à-dire : *pays de Monsieur le porteur de turban*), El-Guettâr, Nechiou, El-'Ayêcha. Tous ces pauvres villages ont chacun leur petite oasis, arrosée par un ruisseau. Ils sont dans la main de la tribu nomade et très turbulente des Hamâmma, sinon peuplés par elle, ce qui explique l'abandon et l'oubli d'une voie romaine qu'ils commandent, et que nous avons eu le bonheur de retrouver en 1860. Et pourtant, malgré les profits apparents que l'insécurité de cette route rapporte à ceux qui la possèdent actuellement, ils ont assez de bon sens pour entrevoir les avantages beaucoup plus grands que leur assurerait un état de choses plus régulier, et nous nous rappelons un incident de notre voyage en Tunisie qui n'en a pas été la moindre surprise. Le 24 mars 1860, les notables du village d'El-Guettâr, réunis dans la maison du cheïkh, et s'adressant à nous, dirent en levant

7

les mains vers le ciel : « Mon Dieu ! mon Dieu ! combien nous voudrions que les Français fussent les maîtres de ce pays ! » Ce n'était certes ni notre très modeste train de voyage ni nos largesses qui pouvaient leur en imposer et leur dicter un aveu aussi inattendu (1).

Parmi les nomades, les Hamâmma, gens essentiellement instables, se rencontrent malheureusement un peu partout dans l'outan de Gafça et dans celui de Tôzer et d'El-Oudiân, mais le centre de leur territoire est dans la première circonscription, au sud des territoires des Mâdjer et des Ferâchîch. Ils forment une tribu très nombreuse, car on lui donne 30,000 âmes, et très forte, puisqu'elle pourrait grouper environ 4,000 cavaliers. Elle se divise en plusieurs fractions, parmi lesquelles sont les Oulâd Ma'mera, sur l'Ouâd Beyâch ; les Oulâd Radouân, subdivisés en Oulâd Selâma, Oulad 'Alì, etc., au nord du Djebel Mejjoùr ; les Oulâd 'Azìz, au sud du Djebel 'Arbet, etc. Les Hamâmma sont des pasteurs. Ils poussent même l'amour du

---

(1) Après la signature du traité de Tunis nous ne craignons pas de publier un fait aussi caractéristique, bien convaincus que les pauvres braves gens d'El-Guettâr n'auront plus à souffrir de leurs sympathies pour la France.

bétail et des bestiaux jusqu'à enlever, quand
ils le peuvent, ceux de leurs voisins, soit
en rase campagne, soit même sur la lisière des
oasis. Les marchandises convoyées par les caravanes excitent pareillement leur convoitise, et
nul mieux que les pasteurs et les commerçants
de notre oasis du Soûf ne sait à quoi s'en tenir
sur ce point. Heureux s'estiment-ils quand la
défense de leur bien ne leur coûte pas la vie!
Nous avons cité au chapitre III le dicton favori
des Hamâmma; voici un refrain que hurle en
nasillant le cavalier Hamâmmi partant en ma-
raude, sa calotte rouge effrangée sur l'oreille, et
son long fusil couché en travers de la rosse qui
lui sert de monture :

> Anâ khàleti,
> Gâlet : ta'alâ rhàdi !
> Oua berrà lebelâd Ed-Douwàdi !

> Ma tante, à moi,
> M'a dit: vas-t-en là-bas !
> Pars pour le pays du Douwàdi !

Ce pays du Douwàdi n'est autre chose que
l'oasis du Soûf, autrefois administrée par la famille des Douwâda. Si chez les nomades du
Soûf, Toroùd et Rouba'àya, les pasteurs sont ex-

posés de la part des Hamâmma, à des surprises
sur leurs propres terres de parcours, jamais les
cavaliers de ces tribus algériennes n'ont usé de
représailles depuis qu'elles ont accepté le gouvernement de la France.

Et, malgré ces actes répétés d'hostilité, les
autorités françaises de l'Algérie poussaient jusqu'aux dernières limites le respect du territoire
tunisien et des droits du bey. Non seulement les
colonnes françaises n'allaient pas châtier chez eux
les Hamâmma, mais, pour ne citer qu'un
exemple, le bey ayant eu à réprimer le 27 et le
28 octobre 1874, des méfaits de cette tribu,
commis contre des Tunisiens, 250 cavaliers et
500 fantassins Hamâmma passèrent la frontière
et entrèrent en Algérie afin d'y chercher un
refuge contre leur seigneur et maître. M. le colonel Lucas, commandant supérieur du cercle
de Tebessa, se rendit en personne au milieu d'eux
et les engagea simplement à faire leur soumission
auprès du bey, ce à quoi il réussit.

Mais, en dehors de la forte tribu des Hamàmma, il y a encore, autour de l'outan de Gafça,
plusieurs groupes de population nomade et ces
derniers ne méritent pas à beaucoup près une

aussi déplorable réputation. Ce sont d'abord les
Beït Ech–Cherîa'a (mot à mot *Maison, ou Tente
de la Justice*), qui vivent près du chef–lieu, et
dont le nombre, d'ailleurs peu important, n'est
pas connu ; puis les Oulâd Sìdi Ahmed Et–Telìly,
tribu religieuse qui comprend 6,000 âmes, et
campe autour de Feriâna ; enfin les Oulâd Sìdi
'Abìd autre tribu au caractère paisible, des-
cendant aussi d'un marabout. Les Oulâd Sìdi
'Abid comptent 5,000 âmes, dont une partie seulement vit aux environs de Feriâna ; le reste se
trouve dispersé, tant dans les oasis du Djerìd,
que dans la partie nord du bassin de la Medjerda. Les Beït Ech-Cherîa'a, les Oulâd Sìdi
Ahmed Et–Telìly et les Oulâd Sìdi 'Abìd ont
aussi, comme les Hamâmma, chacun leurs
qâïd particuliers.

L'outan du Djerìd, appelé antérieurement
Qastîliya, qui borde au nord–est le Chott Fir-
'aoûn des géographes arabes du moyen âge, le
Chott El-Djerìd des Arabes de nos jours, n'a pas
à beaucoup près la même étendue que le précédent, même si l'on réunit, comme le veut l'état
officiel de 1868, en une seule division adminis-

trative, les deux outan de Tòzer et d'El-Oudiân, tels qu'ils existaient en 1860, et qui auraient aujourd'hui une population de 53,000 âmes d'après le recensement tunisien. C'est, encore plus que le qâïdat de Gafça, une terre saharienne. Le Djebel Châreb qui, ainsi que son nom l'indique, dessine comme une *moustache* au-dessus du grand Chott, reflétant sur le Djerìd les rayons torrides du soleil, en même temps qu'il le garantit contre les vents du nord, malheureusement aussi contre les pluies de la zone climatérique méditerranéenne, que des nuages égarés pourraient porter jusque-là. Mais si la flore spontanée, si les plantes sauvages, végètent misérablement dans les terres de parcours de cette contrée, les oasis s'y montrent dans l'idéal de leur splendeur. Elles y trouvent toute la chaleur de la région tropicale. L'eau non plus ne leur manque pas, parce que le Djebel Châreb et le Djebel Tarfâwi leur envoient, sous la forme de ruisseaux et de rivières intarissables, le résidu des pluies qu'ils reçoivent et, grâce aux conditions géologiques spéciales de la contrée, les eaux de ces ruisseaux sont thermales. Les oasis du Djerìd proprement dit sont donc des serres naturelles, à

ciel ouvert, irriguées avec de l'eau tiède, dernière
condition que ne réalisent ni les oasis de l'Algérie,
ni celles de la Tripolitaine et du Maroc. Aussi
nulle part trouve-t-on rien de comparable aux
superbes et délicieuses variétés de dattes du
Djeríd, aussi a-t-on pu autrefois et pourrait-on
maintenant cultiver dans ces oasis quelques-uns
des végétaux qui font la fortune des colons
de l'Inde, de la Martinique et de la Réunion.

Nous allons dire un mot de chacune de ces
oasis en commençant à l'ouest et en observant
l'ancienne division administrative, qui pourrait
bien revivre un jour ou l'autre.

Sur la frontière algérienne nous trouvons la
gracieuse oasis de Nafta (anciennement *Aggar
Selnepte* et probablement mieux *Aggarsel Nepte*),
irriguée par une rivière intarissable, et abritée
au nord par la côte d'El-Guettâr, où sont les
sources de ce cours d'eau.

L'oasis de Nafta a 500 hectares environ et
renferme 240,000 palmiers dattiers, sans compter
les orangers, les citronniers, les limoniers, les
figuiers, les pêchers, les jujubiers (*Zizyphus
Spina-Christi* Willd.), etc., qui ajoutent au
charme de ses jardins. La ville de Nafta, avec le

couvent de Zaouiyet Sìdi Ahmed un peu au nord-nord-est, et le village d'Ech-Chorfà, qui a ses palmiers formant une petite oasis séparée un peu à l'ouest-sud-ouest, possède une population d'environ 7,500 à 10,000 âmes (1), où figurent 135 israélites (2). La ville proprement dite se divise en plusieurs quartiers plus ou moins bien groupés: Es-Soûq (*le marché*), qui est le cœur de la ville et le quartier le plus important; Zebda, 'Alguema, Zaouiyet Gueddìla, Benì 'Alì, Zaouiyet Sìdi Sàlem et Zaouiyet El-Oumm 'Aâda. La population musulmane de ces différents centres et quartiers se divise en ciuq tribus, qui sont: les Chorfà, les Benî 'Alì, les Meça'aba, les 'Alguema et les Zebda, c'est à cette dernière qu'appartenait le khalìfa de l'oasis, Sìd 'Alì Es-Sàsi. Nous ferons remarquer que les sentiments religieux de la population d'une ville qui est habitée en partie par des descendants du prophète Mohammed, et qui possède quatre zaouiya, doivent être assez accentués; d'autre part la présence d'un groupe important de Maça'aba, c'est-à-dire de parents

(1) 3,000 hommes adultes.
(2) 54 hommes adultes.

d'une des tribus les plus considérables du Soûf algérien, y assure un lien permanent d'intérêts avec le sud de l'Algérie. En 1860 les impositions de Nafta s'élevaient à la somme de 588,000 riâl toûnsi (291,000 francs) (1), répartie de la manière suivante : 180,000 riâl toûnsi pour l'impôt de capitation ; 120,000 riâl de droits de marché ; 180,000 riâl sur les dattiers, et la bagatelle de 108,000 riâl (81,000 francs) pour le *prix des souliers.*

Trois petits villages, séparés de Nafta par toute la largeur du Chott El-Gharsa, et situés géographiquement plutôt sur le territoire algérien que sur le territoire tunisien, dépendaient, en 1860, et dépendent peut-être encore du Djerîd. Ce sont Chebîka, à 60 kilomètres, Tàmerbza, à 74 kilomètres, et Mîdâs, à 77 kilomètres dans le nord-nord-ouest ; ces deux derniers sont situés dans une profonde vallée, la Khanga Foumm En-Nâs, et dans son affluent, El-Oudeï. La population de ces villages n'est ni aisée ni considérable, et elle ne pourra que diminuer sous

---

(1) D'après le change (très variable) du riâl toûnsi sur le marché d'El-Ouâd, au mois d'août 1860.

l'influence des maladies contagieuses qui la mi—
nent. On pourrait cependant faire exception
pour le village de Tâmerhza, où la confrérie de
Sìdi 'Abd Er-Rahmân Boû-Qobereïn a beaucoup
d'affiliés, et où règne un certain bien—être. Le
supérieur de la zaouiya de cette confrérie à Tâ—
merhza est Sìdi El-Hafnâwi, qui a été ordonné
par Sìdi Mouçtafâ Ben 'Azzoûz, et qui voulut bien
s'occuper lui-même de faciliter notre rentrée en
Algérie en 1860 (1).

A 24 kilomètres nord—nord-est de Nafta est le
centre de l'oasis de Tòzer (anciennement Tyzu—
rus), qui a laissé dans l'histoire un nom auquel
se rattachent d'intéressants souvenirs. La ville
de Tòzer, chef-lieu de l'outan El—Djerìd, se divise
en six quartiers. Celui d'Oussouâ en occupe toute
la partie nord ; au sud s'étend le quartier des
Oulâd El—Hâdef ; au sud-ouest ceux de Zebda et
de Mesrhôna ; à l'ouest légèrement nord celui des
Guêtna, et au nord-nord-ouest celui de Zaouiyet
Sìdi 'Abìd. Les Chorfâ ont un village de ce nom,

---

(1) Nous citons ce fait avec intention. Il nous paraît achever d'indiquer les bonnes dispositions pour nous de la confrérie de Sìdi
'Abd Er-Rahmân Boû-Qobereïn au printemps de l'année 1860,
quels qu'aient été les motifs du revirement qui s'opéra en 1870.

isolé à l'ouest ; au sud-ouest de la Zaouiya Çah-râwi, et à l'est, en inclinant un peu au nord, la Zaouiyet Ed-Debâbcha, également séparées de la ville proprement dite. Tòzer compte cinq ou six mosquées, et un Dàr El-Beï, palais ou maison du bey. Comme matériaux de construction on a employé des briques cuites et des briques de terre séchée au soleil, et les architectes de l'ancienne ville ont déployé un certain art dans l'agencement de ces matériaux. La population, qui compte 1,900 mâles adultes, se divise en plusieurs tribus dont les noms se retrouvent attachés à quelques quartiers : les Mesrhôna, parmi lesquels on choisit le qâid, sont les plus riches ; puis viennent les Chorfà, les Oulàd El-Hàdef, qui donnaient autrefois des sultans à l'oasis, et qui habitent le plus beau quartier, les Guètna, qui étaient primitivement des Hamâmma, etc. Une oasis où sont groupés sur 390 hectares 313,000 dattiers, irrigués par les dérivations de trois rivières, l'Ouàd Bergoûga, l'Ouàd El-Mechera' et l'Ouàd Zebbâla, sur lesquelles des constructions romaines servent encore à répartir les eaux, fait la principale richesse des habitants. Ils fabriquent de ces fines étoffes de laine (*bernoûs* et *hâïk Djeridi*), qui ont une renommée universelle dans l'Afrique musulmane, et leurs relations commerciales directes s'étendent jusqu'à Tunis, Gâbès, Tripoli, El-Ouâd, Biskra et Tebessa. Aujourd'hui ils ont perdu cet esprit d'entreprise qui les poussait jadis sur les routes commerciales transsahariennes; ils ne portent plus eux-mêmes leurs produits dans les États Haousa ni sur les rives du Dhiôli-Ba, et même pour des trajets beaucoup plus courts, comme celui qui les sépare de Ghadâmès, ce sont ou les marchands de cette ville, ou les nomades du Nefzâwa, qui sont leurs intermédiaires. Vers le commencement du xe siècle il en était tout autrement. Alors la grande double artère, qui avait Warglâ pour tête de ligne dans le Sahara, et sur laquelle se faisait un trafic considérable entre la Tunisie, l'Algérie et la Nigritie, voyait passer les caravanes de Tôzer; l'histoire de Keïdâd, père d'Aboû Yezid, qui se posa en rival des fatimides en 922, nous en fournit la preuve. De son temps, non seulement Tôzer, mais aussi El-Oudiân, entretenaient des relations commerciales directes avec le marché de Gôgo dans la Nigritie.

En raison des rapports fréquents des nomades

du département de Constantine avec le Djerîd, nous avons, à Tôzer, un agent consulaire indigène qui, en 1860, était le digne Mohammed Ben Râbah El-Khiyâri.

Au nord de Tôzer, de l'autre côté de la chaîne de montagnes et près du Chott El-Gharsa, on trouve, à huit kilomètres de distance, l'oasis d'El-Hâmma, qui est arrosée par des sources thermales. Elle renferme quatre villages dont le plus fort est Nemlât, et dont les autres sont Mehâreth, Meçaïba et El-'Erg, peuplés par 2,000 habitants.

Au nord-est de Tôzer, sur le rivage du Chott El-Djerîd, commence à sept kilomètres, l'oasis de Tâguioûs, ou El-Oudiàn, plantée sur 924 hectares de 188,000 palmiers dattiers, auxquels des ruisseaux d'eau tiède apportent la vie, et dont la population, estimée à 3,800 âmes, compte 1,600 mâles adultes, ou contribuables. Cette population est répartie entre les villages de Degàch, Zaouiyet El-'Arab, Zorgàn, Oulâd Màdjed, Kerìz et Sedâda, échelonnés ainsi, de l'ouest à l'est, au milieu des jardins de dattiers. Autrefois résidence du qaïd d'El-Oudiàn, Degàch n'est plus administrée que par un khalîfa, ou vicaire, du préfet du Djerìd. C'est une jolie petite ville, avec des maisons construites en briques de terre cuite ; une rivière arrose ses bocages de palmiers dattiers, d'oliviers, d'amandiers et de figuiers. Le centre religieux, Zaouiyet El-'Arab, est divisé en deux quartiers ; plus loin vient le hameau de Zorgân et, sur un monticule, celui des Oulâd Mâdjed, dont beaucoup de maisons sont en ruines. Le gros village de Kerìz, dont les jardins sont sillonnés par des sources d'eau tiède, est bâti en briques de terre crue et en pierres ; il montre des signes nombreux de décadence et l'on y voit beaucoup de maisons détruites. Sedâda, le dernier centre de l'oasis du côté de l'est, est encore plus mal bâti, mais, dans la partie de l'oasis qui lui appartient, on a établi une sage répartition des eaux de la source et, ici comme à Ghadâmès, la part d'eau de chaque jardin est arrêtée à un nombre déterminé de minutes du débit de cette source.

Nous n'avons pas à indiquer de nomades dépendant de l'outan du Djerìd proprement dit, ce petit district n'en a pas qui lui soient propres ; les seuls nomades qu'on rencontre aux environs de Nafta, Tôzer, etc., sont ou des Hamâmma ou

des Oulâd Sìdi 'Abìd, dont nous avons déjà parlé.
Mais nous devons pourtant mentionner ici un
fait qui joue un triste rôle dans la vie des habitants de tout le Djerìd proprement dit. A quelques
pas de la lisière des oasis la sécurité fait défaut,
personne ne peut plus compter sur la vie. Aussi
bien l'habitant que ses affaires appellent d'un
centre au centre voisin, que le voyageur qui doit
s'engager sur le Chott El-Djerìd, chacun est exposé à se voir dévaliser ou tué par les brigands
de la tribu des Hamàmma. Il est rare que ceux-ci
n'aient pas des vedettes placée sur la crête du
Djebel Châreb, tandis que cachés eux-mêmes
dans les profonds ravins de cette chaîne ils n'attendent que le signal pour sauter en selle et fondre
sur la proie que le ciel leur envoie.

En traversant le Chott El-Djerìd dont la croûte
de sel est, dans cette partie-là, assez solide pour
porter de l'artillerie de montagne, on entre dans
le Nefzâwa, district qui dépendait autrefois de
l'outan d'El-Oudiân et dont le *khalifa* relève
aujourd'hui du qâïd du Djerìd. Le Nefzâwa présente des caractères fort différents de ceux du
Djerìd. C'est une plaine basse, bien pourvue
d'eau, qui jouit d'une fertilité naturelle, sauf là

où l'on trouve soit un sol de chott, comme sur sa
lisière nord, soit un sol de sables mouvants,
comme dans sa partie sud. Tout voyageur sortant
du Sahara du département de Constantine trouvera une certaine analogie entre beaucoup de
points de Nefzâwa et les paysages de l'Ouàd
Rîgh ; la seule différence entre les deux réside
en ce fait que la plaine basse s'étend au loin tout
autour de l'Ouàd Rîgh, tandis que, du côté de
l'est, des chaînes de collines, le Djebel Tabâga et
les derniers contreforts du Djebel Matmàta, aux-
quelles s'adosse la plaine du Nefzàwa, font un
contraste brusque qui n'existe pas dans l'Ouàd
Rîgh, et permettent de passer sans transition de
la flore si spéciale des chott et sebkha du Sahara
à celle des hauts plateaux de l'Algérie. Le climat
des oasis du Nefzàwa est chaud, mais c'est de
l'eau fraîche qui les arrose. Dans l'origine, leurs
habitants étaient des noirs subéthiopiens, comme
nous appelons les races nègres qui ont peuplé le
Sahara aux temps préhistoriques, mais déjà avant
que l'histoire de cette contrée prît un caractère
scientifique, ces noirs virent les Berbères s'im-
planter au milieu d'eux, et leur imposer leur
langue et leurs coutumes. Ces Berbères, qui don-

nèrent leur nom au pays, furent les Nefzàwa,
branche de la grande tribu des Louàta. Plus tard,
le Nefzàwa, comme tout le reste de la Berbérie,
fut conquis par les Arabes, qui y laissèrent des
colonies, et dont la langue et la religion sont res-
tées celles des trois éléments constituant la population. Presque seuls, les noms de quelques villages viennent aujourd'hui corroborer les données historiques concernant l'occupation du Nefzàwa par les Berbères, qu'on retrouve purs à
Kebilli, par exemple, mais la couleur et le type
des habitants de beaucoup d'oasis indiquent bien
que le sang des cultivateurs, leurs ancêtres, a
gardé des traces de celui des races nègres.

L'état officiel tunisien de 1868 donne au Nefzàwa un chiffre de 15,000 habitants, qui se divisent en sédentaires et en nomades. C'est dans
la partie sédentaire de la population qu'on trouve
l'élément subéthiopien et l'élément berbère. Les
quarante villages du Nefzàwa sont, du nord au
sud, Zaouiyet Ed-Debàbcha, Fatnâsa, Zaouiyet
El-Harth, Oumm Eç-Çoma'a, Negga, avec une
zaouiya, Boù 'Abd Allah, Menchiya, El-Guela'a,
Zaouiyet Sìdi 'Abd El-Qâder, Ez-Zìra, Hêchi,
Tombâr, Tombìb, Râbta, El-Bordj, Mançoùra,

arrosé par un ruisseau intarissable, Zaouiyet Mançoûra, Tillimìn, avec une enceinte murée et un étang qui n'assèche jamais, El-Gueçar, Kelmàouni, Bergoùthìya, Touiba, El-Qa'abi, Gueta'àya, Mesâïd, Bechelli, Zersìn, El-Belìdât, Kebilli, presque détruit par le bey de Tunis à la suite d'une rébellion de ses habitants, qui sont de race blanche, et évidemment des berbères, Razma, avec une muraille d'enceinte et un fossé, Çabrìya, Ghoùt El-Mahdjoùb, avec une zaouiya, Doûz, 'Adhàret Çonom, 'Adhàret Rhelìs, El-'Aouìna, 'Aouìnet Mohenda, Djemna, avec une zaouiya, El–Fowwâr, avec la zaouiya de Sìdi Ghâlem Ben 'Abìd, et enfin Zaouiyet Limmâguès. El-Bordj, ou Bordj Nefzâwa, est une maison de commandement, pauvre petite forteresse à la mode du moyen âge, où réside le khalìfa sous la protection de quelques soldats irréguliers, pris dans les tribus du nord du royaume, ou même chez les Zouàwa d'Algérie. Autrefois El-Bordj était défendu par de l'artillerie et, de fait, deux ou trois canons en fer, sans affûts, gisent sur le sol devant la porte.

Chaque village a une oasis où, sauf quelques légumes, destinés à la consommation locale, on

ne cultive en grand que le dattier. Six tribus
arabes nomades vivent dans la partie sud du
Nefzâwa, et dominent en quelque sorte la population de certaines oasis.

Les Merâzig, ou descendants de Merzoûg, sont
une tribu paisible, vouée aux choses de la religion, qui possède l'oasis et la zaouiya de Negga,
mais qui mène paître ses troupeaux au sud, dans
le pays d'El-Dhahar, jusqu'au puits d'El-
Merhotta. Les Merâzig vivent en bonne intelli-
gence avec les tribus algériennes du Soûf et,
comme celles-ci, ils fréquentent le marché de
Ghadâmès. Ils ont pour parente la tribu d'El-
'Adhâra, d'après les fractions de laquelle sont
nommées les oasis de 'Adhâret Çonom et 'Adhâret
Rhelìs, où ils possèdent des propriétés.

Beaucoup plus importante est la tribu des
Ghorîb, maîtresse de l'oasis d'Eç-Çabrîya, dans
la région des dunes, où l'on a creusé, comme dans
le Soûf, des jardins au milieu des sables, de manière à permettre aux racines des dattiers de
plonger directement dans la couche aquifère. Les
Ghorîb nomadisent autour de la source d'El-
Foggoûsi, de celle d'El-Fowwâr, qui est entourée
de quelques palmiers, et des puits du Djedìd, El-

Gounna, Mouï Çoffâr, etc. Ils se divisent en sept fractions : Çabrìya, eux-mêmes subdivisés en Bìdhân, Chebìb, Fodheli, Rehàmla et Keräïma; El-Ghenäïm ; Djerârda; Thouâmer ; Oulâd 'Alì; Oulâd Nouìçer et El-Gherìsiyîn.

Il faut considérer comme des satellites de la tribu des Ghorìb les Ahel Go'oûd et les Es-Sola'a, deux petites tribus qui suivent absolument leur politique, et qui errent dans la même partie du Sahara. Les Ghorìb, avec les Ahel Go'oûd et les Es-Sola'a, comptent parmi les amis des Toroûd, des Rouba'àya et autres tribus de l'oasis du Soûf.

Au contraire, la dernière tribu nomade du Nefzâwa, et heureusement la plus faible, les Oulâd Ya'goûb, qui peuvent monter au plus une quarantaine ou une cinquantaine de cavaliers, sont les ennemis déclarés des nomades du Soûf et, en général, de tous ceux qui veulent gagner honnêtement leur vie. Cette petite tribu, où presque chaque homme valide a une méchante rosse, bonne à risquer dans toutes les mauvaises aventures, est la terreur des pasteurs du Soûf, quand ceux-ci s'avancent sur leurs terres de parcours dans la direction de l'est. Elle se divise en trois

fractions : Oulâd 'Azîz, El-Mekâchera et Oulâd
Seba'a (1), qui paissent leurs troupeaux sur le
plateau sableux d'El-Dhahar, jusqu'au puits
d'El-Merhotta, à égale distance du Nefzâwa, du
Djebel Matmâta et du Djebel Douïrât, dont
nous parlerons tout à l'heure. Cette position des terres de parcours des Oulâd
Ya'goûb, qui commandent ainsi les routes de
Gâbès, de Tòzer et de Nafta à Ghadâmès, explique amplement la décadence du commerce de la
Tunisie avec le Sahara central de la Nigritie.
Les marchands de Tunis, de Gafça, de Tòzer et
de Nafta ont dû renoncer à traverser avec leurs
caravanes un pays où ils étaient sûrs de faire de
fàcheuses rencontres, si bien que les produits de
l'industrie tunisienne, qui passent encore par
Ghadâmès à destination de la Nigritie, sont trans-
portés, soit par des habitants du Djebel Douïrât,
auxquels la perspective d'échanger des balles en
route ne fait pas peur, soit par les Ghadâmsìya
eux-mêmes, qui font une partie du voyage par
mer pour éviter la zone dangereuse.

(1) Ces Oulâd Seba'a n'ont rien que le nom de commun avec la
tribu des Seba'a, mentionnée plus haut.

A l'est du Djerîd et du Nefzâwa, et au sud de
l'outan de Sefâqès, on trouve, sur le littoral de la
petite Syrte, l'outan d'El-'Aârâd, le dernier de la
partie continentale du royaume de Tunis du côté
de la Tripolitaine, où commence l'empire ottoman. Il présente, le long de la Méditerranée, des
plaines basses, où non seulement les pasteurs
trouvent de précieux pâturages, mais où les cultures aussi sont possibles en beaucoup d'endroits;
dans l'intérieur, un petit massif montagneux, le
Djebel El-Guela'ât, sorte de plateau déchiqueté
que surmontent quatre sommets principaux et,
en continuant au sud et à l'ouest, une chaîne
de montagnes qui, sous les noms de Djebel
Douïrât et de Djebel Matmâta, forme le prolongement de ce majestueux bord de plateau appelé Djebel Nefoûsa, plus loin au sud, dans la
Tripolitaine.

L'outan d'El-'Aârâd est l'un des plus importants de la Tunisie, et comme étendue et comme
population. On évalue celle-ci à 51,000 âmes,
chiffre officiel qui exclut cinq grandes tribus,
vivant sur la lisière de l'outan ou même à l'intérieur, et qui ont chacun un qâïd. Si l'on addi-
tionnait la population de ces cinq groupes noma-

des et celle de l'outan d'El-'Aârâd on arriverait à
un total de 98,400 âmes.

Nous ne pouvons séparer ici ces groupes nomades de l'outan d'El-'Aârâd. Pour plus de clarté
nous embrasserons donc le sol avec tous ses
habitants, sédentaires ou nomades, en commençant par les centres du littoral proprement dit,
en passant ensuite aux montagnes : Djebel El-
Guela'ât, Djebel Douïrât et Djebel Matmâta, et
en terminant par les tribus nomades qui forment
des qàïdats.

Le centre maritime de Gàbès (Qàbès, comme
prononcent avec raison les Tunisiens), qui a rem-
placé la *Tacape* berbère et phénicienne, sans avoir
conservé tout le vaste et beau domaine commercial de l'antique emporium, est le chef-lieu de
l'outan. Gàbès n'est pas une ville, mais bien une
oasis avec deux bourgs et plusieurs villages, près
d'un petit fleuve côtier, l'Ouâd Gàbès, qui peut
servir de port pour des barques calant peu d'eau,
et où un gros côtre normand aurait peine à entrer.
Jusqu'à une assez grande distance de la côte le
fond de la mer se maintient haut, ce qui oblige
les navires à rester au large, sans abri. Pourtant
des conditions maritimes aussi défavorables, qui

éloignent de Gâbès tous les navires d'un fort ton-
nage, n'ont pas toujours nui à son commerce ;
dans l'antiquité et au moyen âge presque tous
les bâtiments marchands devaient, en raison de
leur faible tirant d'eau, pouvoir entrer dans
l'Ouâd Gâbès. Les deux plus gros bourgs de Gâbès sont Djâra à 2,400 mètres, et El-Menzel, à
4 kilomètres de l'embouchure et au sud de l'Ouâd
Gâbès ; entre les deux s'élève un fort appelé El-
Bordj. Toujours sur la rive sud (1) du petit fleuve
et à un kilomètre de l'embouchure, il y avait, en
1860, des magasins de l'État ; il paraîtrait qu'on
a élevé dans cet endroit un nouveau fort, le Bordj
Djedîd, ainsi désigné pour le distinguer de l'autre. Quoique moins peuplé que Djâra, El-Menzel,
qui a 3,500 habitants, est la résidence officielle
du qâïd d'El-'Aârâd. El-Menzel est mal bâti sauf
la demeure appelée Dàr El-Beï. La population de
Djâra est de 4,000 âmes ; le qâïd d'El-'Aârâd y
possède une maison. Au nord de l'Ouâd Gâbès,
sur une longueur de neuf kilomètres et demi et
sur une profondeur moyenne de 1,200 mètres,

---

(1) La carte de la Régence de Tunis du Dépôt de la guerre et
celle de M. V. Guérin devront subir ici une légère correction.

s'étend la splendide oasis, que le petit fleuve limite du côté sud, qui touche au rivage par son extrémité est, et où l'on cultive, outre le dattier et l'olivier, la garance, le henné et une grande variété d'arbres fruitiers. Sur sa lisière ouest se trouve le village de Nahhàl ; plus loin encore, dans la même direction, la Zaouiya Sìdi 'Alì Chitawi au milieu d'une plantation isolée et, à trois kilomètres à l'ouest d'El-Menzel, un village de Chenenni. Ces petits centres réunis peuvent avoir 2,500 habitants. En général la population de l'oasis de Gàbès, et spécialement celle de Djàra et d'El-Menzel, est active et laborieuse ; on trouve donc chez elle des éléments précieux dans le cas où, grâce à l'influence bienfaisante de la France, Gàbès était appelée à reprendre son rôle comme tête de ligne d'une des grandes voies commerciales traversant le Sahara, et cela d'autant plus que les deux bourgs d'El-Menzel et de Djàra ont une colonie israélite, assez forte et assez riche, qui ne manquerait pas de prêter son concours.

Toute cette partie du littoral est mouchetée d'oasis et de villages. Ainsi, au nord de Gàbès, il y a Boù-Chemma, Ghannoùdj, Zaouiya Sìdi Bel-Hasan, El-Màya, Matoùya, Ouderef et 'Awì-

net; les habitants de Matoûya et ceux d'Ouderef
se font remarquer par leurs dispositions laborieuses et leur caractère entreprenant. Au sud
de Gâbès, en suivant le chemin de Zarzîs, on touche les oasis et les villages de Menâra, Torredj,
Zerìg El-Berranìya, Ketâna, Zaouiyet Sìdi Sel-
lâm et Zeràt; ce dernier compte une quarantaine
de maisons, habitées par de gens hospitaliers.

Au sud-est de l'île de Djerba, sur la côte du
continent, est l'oasis de Zarzîs, avec les cinq villages de Qeçar Boû 'Ali, Qeçar Mo'aza, Qeçar
Oulàd Mohammed, Qeçar Oulàd Sa'ïd et Qeçar Zaouiya, ayant chacun leurs jardins séparés,
et peuplés de 400 habitants qui cultivent le palmier, l'olivier, le figuier, l'amandier, avec un
peu de blé et d'orge, et qui possèdent aussi des
vaches et des moutons, objets de tentatives de vol,
sans cesse renouvelées, de la part des nomades
des environs. Il y a pourtant un petit fort destiné
à protéger Zarzîs, mais généralement la garnison
ne compte pas un homme pour chaque pièce d'artillerie. A une faible distance de Zarzîs sont des
salines d'où l'on extrait de très bon sel.

Plus loin cessent les villages proprement dits.
On ne trouve plus qu'une ruche de magasins for-

tifiés, le Qeçar Mouensa, avant d'arriver au fort
délabré de Bordj El-Bibân, bâti à la pointe de
la langue de terres qui enferme, du côté ouest.
la baie morte appelée tantôt Bahîret El-Bibân,
ou le lac des portes, tantôt Sebâkh El-Kelâb,
c'est-à-dire, les marais salants des chiens, et qui
marque ici la frontière tunisienne. Tous les centres du littoral de l'outan d'El-'Aârâd que nous
venons de voir peuvent donner réunis un total
de 26,800 âmes (1).

Passons-nous maintenant aux centres de population de la zone intérieure de l'outan d'El-
'Aârâd, nous trouvons dans sa partie nord, à
24 kilomètres dans l'ouest de Gâbès, l'oasis d'El-
Hâmma, appelée aussi Hâmma-Matmâta pour la
distinguer de l'oasis du même nom que nous
avons mentionnée dans le Djerìd. Elle possède
quatre villages : El-Qeçar, qui est le plus grand,
Dabdaba, Zaouiyet El-Mahdjeba et Boù 'At-
toûch, peuplés par des gens soupçonneux et fanatiques donnant un total d'environ 5,000 habitants. Un cinquième village, celui de Sombât
est actuellement abandonné, et un bordj sert à
abriter une petite garnison tunisienne.

(1) D'après M. Pélissier.

Au sud-sud-est de Zerât, dans la plaine qui prendra plus loin, à l'est, le nom de Djefàra, sont les premiers villages des Berbères Ourghamma et des Haouàya. Les premiers qu'on rencontre, Qeçar Oumm Eth-Themer et Qeçar Mouddenîn, appartiennent à la tribu des Touâzîn. Puis viennent, dans la partie de la plaine qui sépare le Djebel El-Guela'ât du Djebel Douïrât, les villages de Ghomeràsen, de Qeçar Oulâd El-Mahedi, Qeçar El-Ghefâfra et Qeçar El-Djouâma' : ces trois derniers peuplés par la tribu des Haouâya. Le long du versant sud-ouest du massif déchiqueté du Djebel El-Guela'ât, dominant la vallée de l'Ouâdi Tittawìn, qui passe à Qeçar Mouddenìn, on voit rangés du nord-ouest au sud-est quatorze villages fortifiés qui appartiennent à diverses fractions des Ourghamma : Mesreb Oulâd Debbâb, Qeçar Oulâd 'Abd-Allah, Qeçar Er-Rekhaïsa, et Qeçar El-Mekàra', à la fraction des Oulâd Debbâb ; puis Qeçar Oulàd 'Abd Es-Siyyed, Qeçar Oulâd Soultân, Sedra (sous la montagne), Qeçar El-Kerâchoua, Qeçar Zorgân, Qeçar El-Kherâchfa, Qeçar El-Hamidìya, Qeçar El-'Amârena (appelé eu berbère Toûnkelt), Qeçar Benî Barka, dans l'Ouâdi Tittawìn, aux Touâzìn, et El-Guela'a, dans la plaine, aux Oudàrna. Près de ce dernier, sur le chemin de l'oasis de Remâda, sont des terres de labours appelées El-Bahaïràt.

La grande plaine attenante au littoral s'arrête brusquement, nous l'avons vu, sous le bord du plateau saharien. Presque toutes les vallées qui déchirent ce plateau ont un sol fertile dans leur partie la plus basse, aussi y trouve-t-on une population sédentaire. Au sud de l'oasis d'El-Hâmma, le bord du plateau a reçu le nom de Djebel Matmâta, d'après une des fractions des Berbères Dariça qui s'y est établie, et qui y occupe les villages de Haddàj, Matmàta, Ben-'Aïsa, Towjout, Tàmazret, alignés de l'est à l'ouest, plus le village de Zerâwa, au nord de Tàmazret. Il faut suivre pendant longtemps le bord du plateau pour arriver, dans le Djebel Douiràt, à un autre petit groupe de villages, comprenant Douiràt, qui est le plus important, et Chenenni, un peu à l'ouest du premier, peuplés tous les deux par des Berbères qui, outre les soins qu'ils donnent à leurs cultures, s'emploient comme convoyeurs, et facilitent les relations commerciales entre Ghadâmès et Gâbès.

Tout ce vaste pays, presque tout entier com-

posé de terres de parcours, a une population nomade très considérable qui, excepté dans les
grands centres de Gâbès d'El–Hâmma, impose
ses volontés aux habitants des villes et des villages,
et ces volontés sont souvent arbitraires. Ici le
fantôme de pouvoir du bey de Tunis existe à peine
de nom. A quelques kilomètres de la Méditerranée
on peut avoir un avant-goût de la vie pleine
d'émotions que mène le voyageur dans le Sahara
occidental, là où règnent en maîtres les Oulâd
Delìm, les Oulâd 'Alloûch et autres tribus mal
famées des Maures.

Au milieu de cet enfer des nomades d'El-
'Aârâd la tribu zaouiya des Mehâdeba, originaire
de l'outan de Sefâqès, mais qui vient habituellement paître ses troupeaux jusqu'à la latitude de
Gâbès, fait un agréable contraste. Les Mehâdeba,
nous l'avons vu plus haut, sont les descendants
du marabout Sìdi El–Mahedeb.

Les Benî Zìd, grande tribu berbère de
6,000 âmes, qui campe tantôt au nord, tantôt à
l'ouest de Gâbès, le long du rivage sud du chott
El–Djerîd, sont une autre heureuse exception à la
règle. Ennemis des Hamàmma et des Ourghamma, se révoltant comme eux assez souvent contre

l'autorité du bey, les Benî Zìd, qui sont administrés par un qâïd spécial, nous paraissent aussi
avoir un caractère relativement honnête et bon.
Ils possèdent des chevaux.

Entre le Chott et Gâbès, l'état officiel tunisien
place une tribu des Benî Ya'goûb, forte de cinq
mille âmes, et formant aussi un qàïdat. Nous
n'avons pas entendu parler d'une tribu de ce
nom, ni aussi forte dans ces parages. Sur la côte,
près de Zarzìs et en face de Djerba nomadise la
tribu des El-'Akkàra, qui compte 3,800 âmes, et
qui s'est révoltée en 1868, à moins que sa rébellion ne datât de plus loin. Quoique plus
faibles que les tribus précédentes les El-'Akkàra
ont comme elles leur qàïd propre.

Nous arrivons à la confédération nomade, de
beaucoup la plus importante, celle des Ourghamma, forte de 31,000 âmes si l'on joint à elle la tribu
des Haouâya, qui en est comme la satellite. Les
Ourghamma sont des pasteurs, des guerriers et
des brigands intrépides qui, non contents d'être
la terreur du qàïdat d'El-'Aàràd, ne laissent pas
que de faire la course dans la Tripolitaine, tant
sur le Djefâra, où ils soumettent à un tribut la
petite oasis de Remàda, que sur le plateau du

Djebel Nefoûsa, où ils ont, parmi les habitants
de Ouâzzen et de Nàloût, des amis, des alliés
et des complices. Les Ourghamma possèdent
une cavalerie nombreuse, environ 1,000 chevaux. L'ambition de chacun de leurs guerriers
est d'avoir le canon de son fusil complètement
couvert des noms des victimes qu'il a faites, et
qu'il s'empresse d'y faire graver !

On pourrait presque dire que les Ourghamma
sont indépendants : ils n'obéissent qu'accidentel-
lement au bey.

Les Ourghamma proprement dits se divisent
d'abord en quatre tribus, qui se subdivisent
elles-mêmes en de nombreuses fractions. Trois
tribus, celles des Touâzin, des Djelîdàt et des
Oulâd Chehîda, forment un seul et même qâïdat;
la quatrième, celle des Oudârna, en forme un
autre.

Les Touâzìn sont la fraction qui s'est établie
le plus au nord, dans la plaine, et qui possède les
deux villages de Qeçar Mouddenìn et de Qeçar
Oumm Eth-Themer, où ils soutinrent un siège
contre l'armée tunisienne. Ils se divisent eu cinq
fractions : les Oulâd Khalîfa, les Oulâd Hâmed,
les Nebâhna, les Harârza et les Rhobounten.

La fraction des Djelìdât, qui s'applique à l'étude de la religion et dédaigne de participer aux actes de brigandages chers à ses sœurs, ne paraît pas s'être groupée sur un point déterminé.

Il n'en est pas de même des Oulâd Chehìda qui, subdivisés en Oulâd Debbâb, Deghâghera, Oulâd Soultàn, Oulâd 'Amer et Oulâd 'Abd Es-Siyyed, possèdent six villages sur le Djebel El-Guela'ât.

La dernière fraction des Ourghamma, les Oudârna, comptent à eux seuls 6,000 âmes, réparties entre quatre groupes secondaires : les El-'Amârena, les Zorgân, les Keràchoua et les El-Hamidìya, ayant chacun son village sur le Djebel El-Guela'ât. Nous avons dit que les Oudârna ont, quand ils sont soumis, une administration séparée de celle des autres Ourghamma.

Enfin, sous le Djebel El-Guela'ât, du côté ouest, dans la longue vallée de l'Ouâdi Tittawîn, vit une tribu distincte, les Haouâya, qui est cependant alliée très étroitement aux Ourghamma, et qui suit fidèlement leur politique. Les Haouâya se subdivisent en deux fractions au moins, les Oulâd El-Mahedi et les El-Ghefâfra ; ils peuplent les trois villages de Qeçar Oulâd El-Mahedi, Qeçar

El-Ghefâfra et Qeçar El-Djouâma', situés dans la vallée de Tittawîn.

Nous avons réservé pour la fin l'outan de Djerba, qui s'identifie avec l'ancienne Meninx ou île des Lotophages, un nom qui nous reporte aux époques héroïques légendaires, car il y a très longtemps que les Djerâba (c'est ainsi qu'on désigne les habitants de Djerba) ont renoncé à se nourrir des fruits du λωτός, ou *Zizyphus Lotus* des botanistes, qui croît partout dans l'île à l'état sauvage, pour transformer leur patrie en un verger produisant des récoltes incomparablement plus précieuses.

Placée dans la petite Syrte, tout près du littoral du pays d'El-'Aârâd, dont elle n'est séparée que par deux détroits, larges de deux et de quatre kilomètres, la grande île de Djerba a un sol plat, dont le niveau est à peine interrompu par quelques chaînons de collines basses, où de petits torrents commencent à tracer leurs lits. Mais, nulle part on ne trouve de rivières, ni même de ruisseaux permanents. Toute l'eau qu'on consomme dans l'île de Djerba est tirée des puits et, comme les pluies ne sont ni assez abondantes ni

assez fréquentes, l'île toute entière, qui n'est
autre chose qu'un vaste verger, doit être arrosée
à force de bras. Grâce au travail patient de ses
maîtres, ce sol, qui n'a que besoin d'eau pour produire, est d'une merveilleuse fertilité. Toute la
surface de Djerba (64,000 hectares environ) est
divisée en enclos, et dans presque chaque enclos
on voit la demeure du cultivateur ; rares sont les
centres plus considérables de population, auxquels on donne ici le nom particulier de *hoûma*,
ou *hoûmet*, qui signifie au propre un quartier,
comme si les habitants considéraient leur grande
île comme une ville. On compte cinq principaux
hoûmet : Hoûmet Soûq, au nord, près du rivage,
et défendu par un fort ; Hoûmet Sedrien, ou
Çedriân, dans l'intérieur de la partie est ; Hoûmet
Sedouîkech, au sud du précédent ; Hoûmet Sedrien (ou Çedriân), dans l'intérieur de la partie
est ; Hoûmet Sedouîkech, au sud du précédent ;
Hoûmet Galâla, au milieu de la côte sud, dans la
grande baie comprise entre les caps Râs Tabella et
Râs Adjim ; et Hoûmet Adjim, dans l'angle sud-
ouest. Citons encore Mellìta, village sur la côte
ouest. D'autres groupes moins considérables de
maisons tels que Hoûmet Sìdi El-Bàchìr, Hoûmet

El-Kachâïu (ou Qachâïn) Hoûmet Taguermàsa,
Hoûmet Ouâlerh, Hoûmet Ben Moûmen, etc.
sont placés dans l'intérieur de l'île. Ses côtes
sont défendues par plusieurs forts. Sans parler du
Bordj El-Bâb, commandant les restes de la chaussée ou du pont antiques, et du Bord Tarìq El-
Djemel (1), qui sont bâtis en mer, dans le détroit qui
sépare à l'est l'île du continent, il y a encore un
fort, le Bordj El-Kebîr, sur la plage de Hoûmet
Es-Soûq, avec vingt gros canons et une batterie
de seize fortes pièces; un à l'est du hameau de Sìdi
Moûsâ; un devant le hameau d'El-Ghìr, ou
Aghìr; le Bordj Qastîl (*castel*) sur la pointe de
Sìdi El-Mersì; le Bordj El-Qantara, avec dix
canons, à l'extrémité nord de la chaussée antique; le Bordj Tabella, sur le cap à l'ouest du
Tarìq El-Djemel; le Bordj El-Marsâ, devant
Hoûmet Adjim : le Bordj Djerìb, en ruines, à
l'angle nord à l'ouest de l'île; le Bordj Benî 'Aïsâ
et le Bordj Benì Gala, sur la partie ouest de la
côte nord. Ces forts sont construits suivant les

(1) Littéralement : tour, ou fort, *du chemin des chameaux*,
parce que les chameaux peuvent franchir à gué la partie du détroit
qu'il commande, et dont la profondeur maximum ne dépasse guère
un mètre sur la digue romaine submergée qui existe en cet endroit.

notions stratégiques du moyen âge, et il arrive souvent que le nombre des artilleurs tenant garnison dans un fort est inférieur à celui des pièces qu'ils auraient à servir. On compte le long des côtes de Djerba cinq mouillages qui sont : Marsâ Es–Soûq, devant Houmet Es-Soûq ; Marsâ Aghìr, sous le fort du même nom ; les mouillages de Bordj El-Qantara, de Bordj El–Marsâ et de Bordj Djerìb.

Houmet Es-Soûq, centre de 2,500 à 3,000 âmes, est le chef-lieu du qâïdat. Quelques Européens et un nombre plus considérable d'israélites y sont fixés. Deux mosquées, une église et une synagogue servent aux trois principaux cultes, à Houmet Es-Soûq, où l'on trouve des fondouqs et un bazar, sans compter le grand marché qui a lieu deux fois par semaine, le lundi et le jeudi. — Après Houmet Es-Soûq le plus grand centre serait Houmet Adjim, avec 1,500 habitants.

Les Djerâba, ou habitants de Djerba, qui peuvent atteindre un total de 45,000 âmes, appartiennent à la race berbère et ils parlent encore un dialecte de cette langue, qu'ils écrivaient aussi jadis, ce dont témoigne un fait très curieux qui nous a été signalé dans le Djebel Nefoûsa. Il existerait à Hoûmet Ouâlerh, dans la famille du cheïkh 'Omar El-Bâtoûr, un livre écrit en berbère, peut-être même avec les anciens caractères libyques. Quant à l'existence du livre, le doute n'est pas permis; nous nous permettons seulement de supposer qu'il est écrit en caractères libyques en nous basant sur une remarque curieuse faite par un voyageur étranger. Les Djerâba reconnurent dans les lettres des copies d'inscriptions libyques qu'il leur montrait celles de leur propre langue. Or, on ne trouve nulle part à Djerba d'inscriptions libyques.

Au point de vue religieux, ce petit peuple professe les doctrines du schisme musulman ibâdite, qui sont aussi celles des Benî Mezàb, des Nefoùsa, etc. A Hoûmet El-Soûq, et dans quelques autres ports, on voit des étrangers mâlekites à côté des ibâdites.

Trois professions, celles de cultivateur, de tisserand et de pêcheur, sont particulièrement en honneur à Djerba. Le palmier donne ici des dattes de qualité médiocre; on le taille pour en extraire cette sève sucrée qui, en fermentant, devient le vin de palmier. L'île produit beaucoup de raisin, dont les is-

raélites font un vin doré, beaucoup d'olives,
de figues, de grenades, de pistaches, d'abricots
et d'amandes. On y cultive aussi le blé, l'orge
et divers légumes.

Dans les tissus fins ou épais, haïks, tissus de
laine et de soie, et bonnes couvertures de laine,
qu'ils fabriquent en grande quantité, les Djerâba
trouvent de nouveaux éléments de commerce
extérieur, et tandis que l'activité qui est dans
leur nature pousse un grand nombre d'entre eux
à aller chercher à Tunis des emplois lucratifs,
quelques-uns ne craignent pas, malgré la tache
d'hérésie qui les suit partout, de s'aventurer
comme marchands dans les contrées lointaines.
Le principal marchand de Rhât, à l'époque de
notre voyage chez les Touàreg, était un natif de
l'île de Djerba, Yoûnis El-Djerbì.

Dans l'antiquité, l'île des Lotophages était célèbre pour la pêche du mollusque qui sert à fa-
briquer la pourpre ; il y avait même un fonctionnaire romain spécial préposé à cette industrie,
qui a été oubliée. Mais les Djerâba sont restés de
bons marins et d'habiles pêcheurs ; ils arrachent
à la mer des quantités d'éponges, et ils disputent
aux dauphins qui hantent les bas-fonds de leur

côte, le poisson qu'ils salent et sèchent ensuite pour l'exportation.

En dehors de cette population berbère Djerba compte encore cinq mille israélites répartis entre les principaux centres, mais surtout dans la Hâra El-Kebîr, près de Soûq El-Kebîr.

IX

CONCLUSIONS. — LES INTÉRÊTS FRANÇAIS EN TUNISIE. —
L'AVENIR POLITIQUE, ÉCONOMIQUE ET COMMERCIAL
DE CE PAYS

La rapide campagne qui vient de placer la Tunisie sous le protectorat de la France, et d'en faire son satellite, ne modifie en rien les conclusions que nous aurions présentées au début des hostilités. Ce pays que la nature a fait riche, que l'industrie des Romains a su transformer jadis en un grenier de l'Italie, et où un long développement de côtes assure toutes facilités pour les exportations et les importations, est certainement destiné à prendre un nouvel essor dans sa nouvelle situation politique

Considère-t-on la question agricole, la Tunisie. nous l'avons vu, possède d'excellentes terres de labours qui n'attendent qu'un travail régulier et intelligent pour produire en raison de leur ferti-

lité; elle possède aussi des steppes, où une flore
composée de plantes spéciales, sèches et aroma-
tiques, permet d'élever des moutons donnant à la
fois de la viande savoureuse et de belle laine.
Ailleurs, avec un climat presque tropical et des
ruisseaux dont le débit n'est pas entièrement ab-
sorbé dans l'aire actuelle des oasis, on pourra
étendre les cultures de dattier, ou créer des cultures de coton et de canne à sucre qui double-
raient bientôt la richesse des habitants du Sahara
tunisien.

Pour provoquer une telle renaissance de
l'agriculture, il suffirait, ou nous nous trompons
fort, d'établir des taxes raisonnables sur les produits du sol, et d'assurer au cultivateur la jouissance légitime de ses récoltes, en le protégeant
contre les exactions de ses gouvernants et contre
les convoitises de ses voisins, les nomades. Il y a
de fortes apparences pour que ceux-ci se trouvent contents, pour qu'ils ambitionnent moins
les profits illicites que leur procure la course et
les rapines, du jour où ils sentiront, eux aussi,
les bienfaits d'un gouvernement ferme, juste,
représenté par des fonctionnaires intègres.

Quand les rameaux du faîte se fanent, l'arbre

est mortellement malade ; il ne faut plus en attendre de fruits. De même chez un peuple où l'instruction et la civilisation sont encore dans l'enfance, lorsque les classes privilégiées et les gouvernants eux-mêmes présentent le spectacle de la décadence et de la corruption, il faut renoncer à voir les classes laborieuses atteindre le maximum d'aisance et, pour cela, se livrer honnêtement et en sécurité, avec toute l'ardeur désirable, aux divers travaux dont l'ensemble constitue la fortune d'un pays. L'exemple, bon ou mauvais, qui part d'en haut, est contagieux.

Lasses d'un système d'arbitraire et des exactions qui les rongent, la plupart des groupes sédentaires de la population de la Tunisie ont perdu, avec le désir de s'enrichir, l'amour du travail ; ils se contentent de végéter sur le passé. Au lieu de faire fructifier sa fortune, on s'ingénie plutôt à la dissimuler ; on la laisse par conséquent improductive. « A quoi me servirait, pensera tel cultivateur, d'ajouter un verger d'oliviers, un jardin de dattiers à celui que je possède ? J'aurais une récolte plus abondante, cela est incontestable ; mais, si j'additionne avec la taxe réglementaire qu'il faut payer pour chaque arbre fruitier, la taxe arbitraire, si je prévois, en homme prudent, la fâcheuse réputation de bien-être qui m'attirerait l'attention des autorités et m'exposerait à des contributions forcées au-dessus de mes moyens, peut-être sous la menace de la prison ou même de la confiscation de mes biens, je préfère me résigner à un train de vie modeste, qui ira chaque jour s'amoindrissant! » S'agit-il d'un artisan tunisien, de ceux dont nous avons vanté le goût et l'habileté, le spectre d'un fisc insatiable limitera encore son activité. Par la même raison, enfin, aucun sujet tunisien n'ose songer à tirer parti de la richesse minérale du pays.

Et cependant, ne l'oublions pas, le Tunisien a l'esprit ouvert; il est intelligent, adroit, laborieux. Il naît certainement mieux doté par la nature que le Maure ou l'Arabe algériens. Ses produits fabriqués l'emportent sur ceux de tous ses voisins, et comme goût et comme fini. Ses œuvres littéraires comptent encore parmi les plus appréciées par ce temps de décadence pour les lettres arabes dans tout le Maghreb.

La situation qui lui est faite, et que nous venons de peindre sans charger les couleurs, est intolérable pour le Tunisien; elle est, nous l'avons vu, préjudiciable à ses voisins. Elle doit cesser.

Pour que la Tunisie entre résolument dans une ère de renaissance, il suffira, nous en sommes persuadés, que ses nationaux sentent la main bienfaisante de la France venir mettre l'ordre dans leur administration. C'est ce que réclamaient déjà, il y a vingt et un ans, les habitants de quelques centres du Djerìd et du Nefzàwa, provinces qui touchent au territoire algérien ; c'est ce que viennent de réclamer les habitants de Sâhel, de toutes les provinces la plus éloignée de la frontière. Et nul doute qu'à Tunis même, la propagande inconsciente de leurs coréligionnaires algériens, les prolétaires Souâfa, en faveur de la justice française, n'ait aussi porté des fruits en faisant sentir plus lourd, aux habitants de la capitale, le fardeau de l'arbitraire qui les écrase.

En résumé, la Tunisie a besoin de deux réformes intérieures primordiales, difficiles au bey d'atteindre s'il n'y est pas puissamment aidé : le maintien de l'ordre et le respect du droit sur toute l'étendue de son territoire, et l'abolition dans tout le fonctionnarisme de l'ancien système organisé pour la concussion. La réforme générale des finances de l'Etat, réforme si utile, si indispensable même, restera sans efficacité à moins qu'on ne prenne et maintienne des mesures énergiques pour vaincre ces deux cancers qui rongent le pays et démoralisent ses habitants.

Mais une fois ces réformes réalisées, et elles le seront un jour par la force des choses, les obstacles qui ont amené la ruine de l'agriculture et le dépérissement de l'industrie et du commerce auront disparu, et nous ne craignons pas de prédire à la Tunisie une prospérité commerciale qu'elle ne connaît plus depuis longtemps. Ses grains, produits de récoltes plus abondantes, prendront le chemin de l'Europe, avec ses huiles d'olive mieux préparées ; et peut-être même ses caravanes, faisant à Gâbès leurs chargements des marchandises européennes demandées par les habitants de la Nigritie, sillonneront-elles à nouveau les routes transsahariennes pour porter ces produits, avec ceux de l'industrie tunisienne, à Rhât, à Agadez, à Kanô, à In-Çâlah et à Timbouktou.

Enfin, les synodes des zélateurs fanatiques,

surveillés par la politique française, et forcés de reconnaître les bienfaits résultant pour les musulmans des réformes opérées sur notre initiative, seront forcés d'abandonner leur attitude militante.

FIN

TABLE DES MATIÈRES

FIN DE LA TABLE DES MATIÈRES

PARIS. — IMPRIMERIE ÉMILE MARTINET, RUE MIGNON, 2.

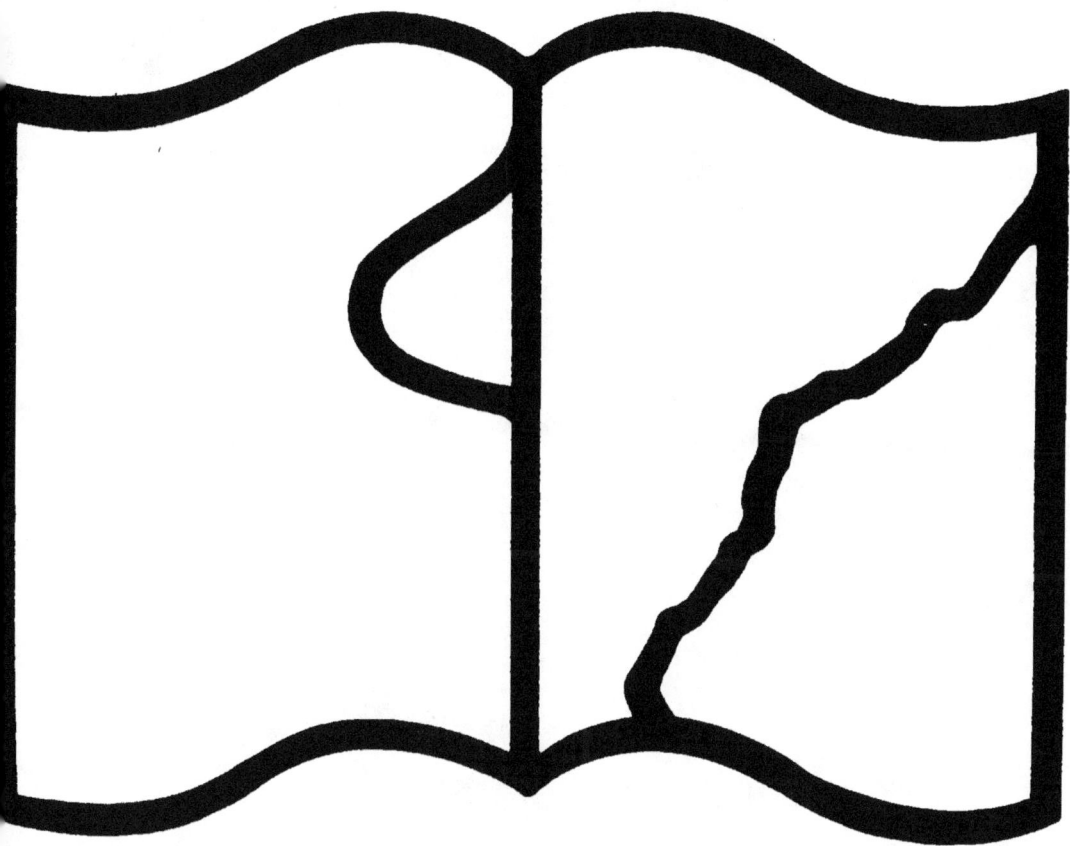

Texte détérioré — reliure défectueuse

NF Z 43-120-11

www.ingramcontent.com/pod-product-compliance
Lightning Source LLC
Chambersburg PA
CBHW070943100426
42738CB00010BA/1950